華志文化

華志文化

引爆潛能

喚醒你心中沉睡的巨人

安東尼‧羅賓（ANTHONY ROBBINS）◆ 著

前　言

開發潛能實現自我

生活有時真的讓人看不懂。你盡自己的最大努力辛辛苦苦地工作，但凡事卻沒有什麼改觀，而身邊一些人，尤其是昔日的同學、朋友或鄰里，似乎不費吹灰之力，一個接一個地幸運當頭，得其所願。原因何在？

原因就在你自己！

儘管歷史上從來沒有完全像我們一樣的人存在過，儘管我們知道每個人的際遇、情況都不同，然而，我們還是習慣於將自己與別人相比。「我能像他那樣該多好啊！」「你看人家！」無形之中，我們把他們當作標準來衡量我們的成功，然後內心得到一點安慰，或是一點遺憾。

人都是獨一無二的。使我們獨一無二的，是我們透過思想意識的作用，而在自己的內部帶來變化的能力。我們對自己的認識、對自己的定位以及我們將要實現的目標，決定著我們在這個世界上的獨特的位置，決定著我們潛能的發揮程度。

我們每個人的潛能都是無窮無盡的，然而，能發揮多少，就全看我們對自我是怎麼看待了。

如果你認定自己是一個有能力、有才華的人，那麼不管你認定自己是個「窩囊廢」還是個「天生贏家」，都會馬上影響你對自己潛能的發揮，自然也就會發揮出你所認定的一切天賦。

潛能？潛能是什麼？

戰爭致殘的美國大兵路遇劫匪，兇殘的劫匪不但搶劫他的財物，而且還放火點燃了他賴以行走的輪椅，他一時心急，竟忘記

了自己麻木的雙腿，狂奔數百公尺。這是人在絕境或遇險的情況下爆發出來的潛能。

胡達·克魯斯老太太70歲開始學習登山，隨後20多年矢志不渝，冒險攀登高山，竟以95歲高齡登上日本富士山，創下攀登此山的最高年齡紀錄。這是人在積極心態的鼓舞下挑戰自身極限而開發出來的潛能。

人的潛能是多方面的，包括體能、智慧、心境、情緒反應等等。

人在危急狀況下爆發潛能，或在某種潛意識作用下，夢想成真的潛能理論晦澀而難懂，這方面的事例神乎其神，對此，我們做了大量的實驗，並從這些成功的案例當中，總結了一套行之有效的開發個人潛能的方法。

我們每個人身上都蘊藏著巨大的潛能，但由於我們沒有進行有效的訓練，巨大的潛能只好「沉睡」在我們身上。本書精練出的各種策略，相信對你開發自己的潛能會有所幫助。

人人渴望成功，但上蒼並沒有給我們一本成功指南，然而我們有能力戰勝各方面的挑戰。其實，最好的成功指南就在我們每個人自己的身上，只不過我們沒有意識到，那就是潛能。

出版本書的目的，就是為了與渴望成功的每一個人共用這些無時不在、普遍而永恆的真理，向你介紹一種成功指南，來幫助你開發無盡的潛能。

不論是誰，不論你所處的環境如何，只要你渴望成功，只要你渴望發揮潛能，這本書都將適用於你。這不是一般空泛而枯燥的成功學書籍，而更多的是一本幫助你開發潛能、實現自我的書籍。

什麼了不起的事來。這是實情，而且這是嚴重的事實，那就是我們只把自己侷限在我們自我期望的範圍以內。

　　但是每個人確實具有比表現出來的能力更多的才氣，更多的能力，更有效的機能。

🌾 2.每個人都有一定的潛能

　　人的潛能，是最寶貴的資源，是最寶貴的潛在的財富。那麼，你了解你的潛能有多大嗎？還是讓我們來看看科學家的答案吧。

　　20世紀初，美國著名心理學家詹姆斯指出：一個普通的人只運用了其能力的10％，還有90％的潛能尚未被利用。

　　後來，心理學家瑪格麗特・米德研究發現：每個人只用了他本身能力的6％，還有94％的潛能未被利用。

　　1980年，世界著名的心理學家奧托認為：「據我最近發現，一個人所發揮出來的能力，只佔他全部能力的4％。」也就是說，人類的潛能尚有96％未被開發。

　　當今世界鼎鼎大名的控制論奠基人N・維納認為：「我可以完全有把握地說，每一個人，即使他是做出了輝煌創造的人，在他的一生中利用他自己的大腦潛能還不到百億分之一。」

　　這些科學資料清晰地表明這樣一種趨勢：社會愈前進，科學愈發展，對人類潛能的研究愈深入，就愈發現人類潛能之巨大。

　　原蘇聯科學家伊凡・葉夫莫雷夫對人的潛能之巨大，做了另一方式的表述：「在正常情況下工作的人，一般只使用了其思維能力的很小一部分。如果我們能迫使自己的大腦達到其一半的工作能力，我們就可以輕而易舉地學會40種語言，也可將一本蘇聯

大百科全書背得滾瓜爛熟，還能夠學完數十所大學的課程。」

脳科學的研究成果也表明：人腦就像一個龐大的資訊儲存庫，它那超級的資訊處理系統是現代電腦等人工控制系統無法比擬的。人腦約由100億～150億個神經細胞組成，每一個神經細胞就相當於一台微型電子電腦。因此可以說，人腦就是一個龐大的超級電子電腦系統。

第二次世界大戰期間，一艘軍艦停泊在某國的港灣。

那天晚上萬里無雲，月明星稀，一片寧靜，無形中透著一股寒氣，似乎預示著隨時都有可能發生危險。

一名士兵照例巡視全艦，突然，他看到一個烏黑的巨大物體在不遠的水上浮動著，正隨著退潮慢慢向著艦身中央漂來。

「水雷？」他不禁脫口而出。

他抓起艦內通訊電話機，通知了值日官，而值日官也馬上快步跑來。他們很快地通知了艦長，並且發出全艦戒備訊號，全艦立時動員了起來。

水雷慢慢漂近，災難即將來臨。

起錨走？不行，沒有足夠時間。

發動引擎使水雷漂離開？不行，因為螺旋槳轉動只會使水雷更快地漂向艦身。

以槍炮引發水雷？也不行，因為那枚水雷太接近艦裡面的彈藥庫。

放下一艘小艇，用一枝長杆把水雷弄走？更不行。因為那是一枚觸發式水雷，同時也沒有時間去拆下水雷的雷管。

悲劇似乎無法避免。

「把消防水管拿來？」一名水兵突然大喊著。大家立刻明白這個辦法有道理。他們向軍艦和水雷之間的海面噴水，製造一道

水流，把水雷帶向遠方，然後用艦炮引爆水雷。

一場災難終於解除了！

這位水兵真是了不起，雖然他只是個凡人，不過他卻具有在危機狀況下冷靜而正確思考的能力。換句話說，迫在眉睫的危機激發了他的創造性潛能。我們每一個人的身體內部都有這種天賦的能力，也就是說，我們每一個人都有無盡的潛能。

一名被醫生確定為殘障的美國人，坐輪椅已12年之久。他是在戰場上被流彈擊傷背部上半截的。他整天坐在輪椅，對生活完全失去了信心，有時借酒消愁。某日，他從酒館出來，在坐輪椅回家的路上遇到3個搶劫犯。3個歹徒搶他錢包的時候，他拼命反抗，竟使歹徒們惱羞成怒，於是放火燒他的輪椅。輪椅起火後，他竟然忘記了自己是個殘廢，拼命往前跑，一口氣跑完了一個街口。事後，他說：「如果當時我不逃走，就會被燒傷，甚至被燒死。我忘了一切，一躍而起，拼命地跑。等到停下腳步，我才發覺自己已能夠走動了。」

現在，這位當年的殘疾者已在奧馬哈城找到了工作，與正常人一樣走來走去。

🌿 3.人類的悲劇

美國著名心理學家赫胥勒說得好：「編撰20世紀歷史時可以這樣寫：我們最大的悲劇不是令人恐怖的地震，不是連年戰爭，甚至不是原子彈投向日本廣島，而是千千萬萬的人生活著，然後死去，卻從未意識到存在於他自身的人類從未開發的巨大潛能。」

「認識自我」，偉大的思想家盧梭認為這幾個大字「比倫理

學家們的一切鉅著都更為重要，更為深奧」。當人類把身心投向認識自然、征服自然的活動中，往往遺忘了這一古訓。

人類用極大的精力和代價研究外部世界，大到浩瀚無垠的宇宙，小到細菌，可是卻沒有很好地關注自身的潛能。與人類大力投入對外部世界的研究相比，人類對自身潛能實在是太漠不關心了？人的潛能開發不僅最為根本、最為重要，而且人的潛能極其巨大，哪怕是做出傑出成就的人「利用他自己的大腦潛能還不到百億分之一」。

人類擁有各方面形形色色的巨大潛能，但是這些巨大潛能都處於沉睡狀態，尚未得到開發、利用。一方面，潛能無比巨大，另一方面，潛能開發十分容易。

只要方法得當，就可以立即見效。

有一家煉鋼廠分廠的工人總是無法如期完成任務。該廠經理並未用好言好語鼓勵工人，或是想方設法勸告他們，反而是以謾罵的言詞，用開除來威脅他們，但是都沒有效果。

有一天，總廠廠長斯切魏伯來了，他在白天班快要下班時問工人：「你們今天日班煉了幾爐？」

「6爐。」

他二話不說，拿起粉筆在地板上寫了一個「6」就離開了。

夜班工人來了，看見地板上有了「6」字，就問日班的工人是什麼意思。

「今天斯切魏伯來這裡，他問我們今天煉了幾爐，我們告訴他6爐，於是他用粉筆寫了個『6』字。」

第二天早晨，斯切魏伯又來到這個煉鋼廠巡查，夜班工人把「6」字擦掉了，寫了個「7」字。

日班工人看見夜班工人在地板上寫了個大大的「7」字，他們

想趕過夜班，就拚命地賣力起來，到了交班時，他們竟寫上了個「10」。

就這樣，一班勝過一班。在極短的時間裡，這個原來生產績效落後的煉鋼廠，竟比總廠的任何一個分廠的生產績效都要好！

只是一個小小的數字，就能夠把潛能輕而易舉地開發出來！

潛能開發，說難也難，說容易也太容易了。企業開發員工的潛能容易，上司開發下屬潛能也不難。只要學會授權，學會尊重，學會信任，學會激勵，善於鼓勵下屬放手去做，就能輕而易舉地把下屬的潛能開發出來……

在體育上，人們為了挑戰體能極限，為了那0.001秒、0.001公尺殫精竭慮。科學發明層出不窮，科技進步日新月異，可是在人的潛能開發上，人們卻故步自封？人類何等聰明，又何等愚蠢！

我們只不過清醒了一半，我們僅運用了身體上和精神上的一小部分資源，未開發的地方還很多，我們有許多能力都被惡劣的習慣蹧蹋掉了。

實際上，我們絕大多數人，一定有可能比現實中的自己更偉大些。偉大取決於能力，我們人人身上都蘊藏著巨大的潛能，那麼人人都能比現在的自己偉大百倍、千倍。可悲的是，千千萬萬的人都從未認真地審視自身的潛能，從未意識到存在於自己身上的巨大潛能。

這既是人類最大的悲劇，又是人類最大的希望。只要我們行動起來，投入一定時間、一定精力，積極致力於潛能開發，我們每一個人，甚至整個人類都會擁有無比光輝的前途？

4.戰勝你的弱點，開發你的潛能

大部分的人都懷著某種自卑而生活。有的人因為太瘦，怕看起來太瘦弱而被人瞧不起，因此經常會擔心、恐懼。有的人則覺得自己太矮，不敢與別人站到一起，久而久之，便把自己孤立起來了。不光只有外貌，有時候對自己的才能也多少會有些自卑感。

自卑的人其實都能認識自己的問題所在，但就是克服不了它，整天悶悶不樂，無法得到令人滿意的結果。所以人生最重要的就是要能不拘泥於自卑，把自己的優點盡量發揮出來。

實際上，任何人都擁有特殊能力或才能。不管怎樣愚笨的人，都會有只有他才能做到的事情。同時，被認為只能做一件事的人，也往往會有多樣的才能，只是自己無法發現，就連周圍的人也無法發現，所以也就讓自己的才能一直埋沒下去，沒辦法活用而已。通常自己很難發現自己的才能，反而只會發現自己的缺點，潛在的才能就這樣一直隱藏下去。因此通往成功的第一步，首先要不拘泥於自己的弱點。

1951年，英國有一位名叫富蘭克林的科學家，從自己拍得極好的DNA的X射線衍射照片上發現了DNA的螺旋結構之後，他針對這一發現做了一次演講。然而由於他生性自卑，又懷疑自己的假說是錯誤的，因此放棄了這個假說。

1953年，在富蘭克林之後，科學家偉爾金斯．華森和克里克，也從照片上發現了DNA的分子結構，又提出了DNA螺旋結構的假說，從而象徵著生物時代的到來。他們二人也因此而獲得了1962年的諾貝爾醫學獎。

由此故事推想，如果富蘭克林當時能克服自卑感，堅信自己

的假設，進一步深入研究，這個偉大的發現必定會以他的名字載入史冊。可見，一個人如果不和自卑感做抗爭，就不可能清除思想上的「蛛網」，是很難有所作為的。

查理斯直到55歲時還沒有寫過一個字的小說，因為他根本也不打算寫小說，他不認為自己有這方面的才能。

他向一個國際財團申請電纜電視網執照後，一位朋友打電話告訴他申請極有可能被批准，於是他突然想到：今後該怎麼辦？之後，他查閱了一些卷宗，準備寫一部電影劇本。

為此，他徵求了他的一位作家朋友的意見。朋友為他分析了寫電影劇本的報酬不會很大，勸他寫小說為宜，因為寫小說的收入會高於寫電影劇本的收入，而且一旦寫得很成功，還可以將小說賣給製片商，以得到更多的錢。

查理斯對朋友的奉勸極為重視，開始想：我有沒有寫小說的天賦和耐心呢？他愈想愈覺得自己有成功的希望，也就堅定了信心。

他於是開始了構思：怎樣進行調查，如何安排情節，怎樣刻畫人物，如何開頭，而後怎麼潤色……。

查理斯經過1年3個月的艱苦創作，終於使自己的小說問世了。加拿大的麥克萊蘭與斯圖爾特公司相繼出版了他的小說，而後美國西蒙公司、舒斯特與艾瑪袖珍圖書公司都出版了他的小說，之後英國、義大利、荷蘭、日本及阿根廷都出版了他的小說譯本。他的小說轟動一時，接著又被拍成電影。從此，查理斯又先後寫了5部小說。

任何一個人只要有恆心，並能下定決心，堅持不懈，就一定能獲得成功。只要有渴望自己成功的願望，腳踏實地地去奉獻，去充分發揮自己的才能，就一定會獲得比夢想要多得多的成功。

以上是兩個完全相反的例子，查理斯55歲之前在小說創作上毫無成就，而富蘭克林在發現DNA的螺旋結構之前已是一名科學家。為什麼查理斯最終發揮了自己的潛能，成就一番事業，而富蘭克林卻讓潛能的火花一閃即逝呢？關鍵在於他們對待人性弱點的態度不同。

自卑、沒有目標、猶豫不決、缺乏恒心等等，這些人性的弱點是你發揮潛能的大敵。只要能夠戰勝弱點，你就能淋漓盡致地發揮自己的潛能。

承認弱點才能滋生力量，開發無限潛能。

人人都有脆弱之處，但睿智進取者卻能坦誠面對自己的弱點與死角。如果你有弱點，要有勇氣去承認它，然後透過各種管道去戰勝它。人類最大的弱點就是自貶，亦即廉價出賣自己，這種毛病以數不盡的方式顯現。例如，你在報上看到一份喜歡的工作，但是卻沒有採取行動，因為心想：「我的能力恐怕不足，何必自找麻煩？」

幾千年來，很多哲學家都忠告我們：要認識自己。但是，大部分的人都把它解釋為「認識你消極的一面」，大部分的自我評估都包括太多的缺點、錯誤與無能。

認識自己的缺點是很好的，可藉此謀求改進。但如果僅認識自己的消極面，就會陷入自卑的泥沼，使自己變得沒有什麼價值。要正確、全面地認識自己，絕不要看輕自己。

你自己在某方面確實有優點卻去否定它，這種做法既不合人性，也不誠實。

肯定自己的優點絕不是吹牛，相反地，這才是誠實的表現。

當然，發現自己的優點並不容易。

心理學家施微博士小時候就非常嫉妒表姐。她回憶道：「我

這表姐會彈鋼琴，會繪畫，但從來就沒有人說我有什麼才能或優點，所以我對她的成就非常嫉妒。長大後我發現自己能跳舞，話說得好，和別人也相處得來。我也有我自己的才能。到後來，我開始能欣賞她的藝術修養。因為我發現了我自己的優點，所以我就能崇拜和欣賞她的才能，而不帶嫉妒的情緒。」

因此，發現自己的優點有利於你發揮潛能，那麼，怎樣挖掘自己的優點呢？

想想你過去的成功經驗，從成功的經驗中你培養了什麼樣的優點：幽默感？意志力？雄心？熱愛學習？樂觀的生活態度？你還想到什麼樣的優點？

不可否認，每個人都碰到過不愉快的事情，可是過了幾年，人們再回頭來看過去那段不愉快的經驗時卻往往發現：原來那不愉快的經驗只是另外一種形式的好經驗。無論是怎樣壞的經驗，我們都可以發現它積極的一面。

從貧窮中我們可以學會賺錢的方法，從苦難中我們可以磨練意志，從寂寞中我們可以開發創造力。

你除了擁有你的優點外，不可能再擁有別的什麼了。你的優點是你成功的要素和主力。

弱點之一：我的能力有限，只能應付這點事情

科學家做過一個有趣的實驗：

他們把跳蚤放在桌上，一拍桌子，跳蚤迅即跳起，跳起高度均在其身高的100倍以上，堪稱世界上跳得最高的動物！

然後在跳蚤頭上罩一個玻璃罩，再讓牠跳，這一次跳蚤碰到了玻璃罩。連續多次後，跳蚤改變了起跳高度以適應環境，每次

跳躍總保持在罩頂以下。

　　接下來逐漸改變玻璃罩的高度，跳蚤都在碰壁後主動改變自己的跳躍高度。

　　最後，玻璃罩接近桌面，這時跳蚤已無法再跳了。科學家於是把玻璃罩打開，再拍桌子，跳蚤仍然不會跳，變成「爬蚤」了。

　　跳蚤變成「爬蚤」，並非牠已喪失了跳躍的能力，而是由於一次次受挫折學乖了，習慣了，麻木了。

　　最可悲之處就在於，實際上的玻璃罩已經不存在，它卻連「再試一次」的勇氣都沒有。玻璃罩已經烙印在潛意識裡，罩在了心靈上。行動的欲望和潛能被自己扼殺！科學家把這種現象叫作「自我設限」。

　　在我們每個人的生命中，都會面臨許多害怕做不到的時刻，因而畫地自限，使無限的潛能只化為有限的成就。

　　你可能一直認為你現在的一切都是命中注定的，現實的一切不可超越，不管你持有此觀點的時間多長，你都是錯的。你可以透過改變自己的態度和習慣來改進自己的生活。

　　許多人其實應更為成功，但我們在生活中失去很多，因為我們會安於現狀，這比我們能取得的一切少得多。

　　人們常常在自己生活的周圍築起界限，要麼就生活在別人強加給他們的侷限裡。這些局限有些是家人朋友強加的，有些是自己強加的。很多人給自己套上限制，認為在一生中不會超過父母，認為自己反應遲鈍，認為缺乏別人擁有的潛能和精力，那麼無疑就實現不了一些目標。

　　有個農夫展覽一個形同水瓶的南瓜，參觀的人見了都嘖嘖稱奇，追問是用什麼方法種的。

　　農夫解釋說：「當南瓜長成如拇指般大小時，我便用水瓶罩著它，一旦它把瓶口的空間占滿，便停止生長了。」

　　人也是這樣，自我設限，就是把自己關在心中的樊籠，就像水瓶罩住的南瓜一樣，等於是放棄給自己成長的機會，成長當然有限。

　　有這樣一位男士，他與妻子相處存在許多問題，妻子經常抱怨他自私、不負責任，從來沒有關心過她。

　　有人問他：「為什麼你不好好跟妻子溝通？」

　　他回答：「我的本性就是這樣。沒辦法，我就是大男人。」

　　這位男士對他行為的解釋，是他的自我定義。這源自於過去他一直如此，其實他在說：「我在這方面已經定型了，我要繼續成為長久以來的那個樣子。」人生若抱持這種態度，根本就是在扼殺可能的機會，從而給自己留下永遠而無可改變的問題。

　　標定自己是何種人──「我一向都是這樣，那就是我的本性」，這種態度會加強你的惰性，阻礙成長。因為我們容易把「自我描述」當作自己不求改變的辯護理由。更重要的是，它幫助你固執於一個荒謬的觀念：如果做不好，就不要做。

　　一旦你標定了自我是什麼樣的人，你就是否認自我。一個人必須去遵守標籤上的自我定義時，自我就不存在了。他們不去向這些藉口以及其背後的自毀性想法挑戰，卻只是接受它們，承認自己一直是如此，終將帶來自毀。

　　一隻青蛙和一隻蠍子同時來到河邊，望著滾滾流水，正思索著如何渡過去。

　　蠍子說：「青蛙老弟，不如你背著我，而我也可以幫你指引方向，就可以到達對岸啦！」

　　青蛙說：「我才不傻，背你過河時，若你毒針亂刺，我隨時

一命嗚呼。」

　　蠍子說：「不會，不會，在河中如果你溺水，那我不也完了嗎？」

　　青蛙一想有道理，就背著蠍子向對岸游去。游到河中央時，青蛙忽感身上一陣刺痛，破口大罵蠍子：「你不是承諾不刺我的嗎，為什麼違背諾言？」

　　蠍子臉不紅氣不喘，毫無悔意地說：「沒有辦法，這是我的本性啊。」

　　這則寓言，不正是印證許多人總是用「我沒辦法，我一直就是這樣」來掩飾自己行為的過錯，而不去注意約束自己嗎？

　　沒錯，描述自己比改變自己容易多了。無論什麼時候你要逃避某些事，或掩飾人格上的缺陷，總可以用「我一直這樣」來為自己辯解。事實上，這些定義用了多次以後，經由心智進入潛意識，你也開始相信自己就是這樣，到那時候，你似乎定了型，以後的日子好像注定就是這樣了。

　　無論何時，你一旦出現那些「逃避」的用語，馬上大聲糾正自己。

　　把「那就是我」改成「那是以前的我」。

　　把「我沒辦法」改成「如果我努力，我就能改變」。

　　把「我一向是這樣」改成「我要力求改變」。

　　把「那是我的本性」改成「以前那是我的本性」。

　　任何妨礙成長的「我怎樣怎樣」，均可改為「我選擇怎樣怎樣」。

　　不要做一個困獸，衝出自製的樊籠，做一隻翱翔的飛鷹吧？

弱點之二：這是個年輕人的世界，我已經老了，不中用了

　　林登伯格在25歲時就成為世界上第一個直飛大西洋到巴黎的人。

　　約翰‧保羅瓊斯在22歲時就當上海軍上校。

　　拿破崙在23歲以前就已經是炮兵隊隊長。

　　愛倫坡18歲時已經是舉世聞名的詩人。

　　崔西‧奧斯丁16歲就贏得了美國網球公開賽的冠軍。

　　亞歷山大大帝26歲時征服了當時已知的世界。

　　艾利‧惠特尼28歲時成功地改造了織棉機。

　　……

　　在30歲之前就完成不凡之舉的人實在是不可勝數。但這就能證明這個世界只屬於年輕人嗎？事實上，這個世界是屬於「你」的世界，不論你的年齡有多大。

　　柯馬多爾一直到70歲時才被世人公認為鐵路大王，他88歲高齡時，還是當時鐵路界最活躍的人。

　　蘇格拉底80歲時開始學音樂。

　　巴斯卡在60歲時發現狂犬病醫療法。

　　哥倫布發現新大陸時也年逾半百。

　　伏爾泰、牛頓、史賓塞，以及湯瑪士‧傑弗遜都在80歲之後到達智慧的巔峰。

　　摩西祖母在90歲後才獲得名望和成功。

　　伽利略在73歲時才發現月球每天、每月的盈虧。

　　……

　　這樣的例子不可勝數，而齊藤竹之助就是一個不服老的典型。

　　57歲的齊藤竹之助由於參選議員的失敗，欠下一筆巨債。為

了償還巨債，他決定開一家貿易公司。於是，他向大學的同學行方孝吉求援。在行方孝吉的勸說下，齊藤竹之助斷斷續續地開始了人壽保險的推銷，並在1952年正式成為朝日生命保險公司的推銷員。

朝日生命保險公司大約有兩萬多名推銷員，他在心裡暗暗發誓，一定要在其中名列前茅。他為自己定了一個目標：要成為公司的首席推銷員。

明確了自己的奮鬥目標後，齊藤便開始了積極的努力，他的首要任務是學習，他找來國內外所有能找得到的有關推銷員成功的書籍，用心研讀。以書中所列舉的成功事例為典型，重新訓練自己的頭腦。

就這樣，在齊藤竹之助剛開始從事推銷的時候，腦子裡整天想的是「一定要成為日本第一的推銷員」，所以絲毫不感到艱苦。

5年後齊藤竹之助在朝日生命保險公司贏得「首席推銷員」的稱號，這一年齊藤62歲。

齊藤竹之助也知道，世界上比他有能力的推銷員多得很。要和這些頂尖高手們競爭，要趕上並超過他們，自己必須做拚命的打算。

為了實現這一願望，齊藤竹之助更加努力地工作。

1958年，齊藤竹之助又在成交數量方面創了世界紀錄。直到他74歲高齡時，還曾滿懷信心地這樣寫道：

「我在57歲時當推銷員，至今已有17年。今年，我74歲。可是還從未考慮過要敗給年輕人。我堅信，至少還能像現在這樣再做30年。人，只要胸懷目標，就能永保青春。人們經常誇我氣色很好，在我身上看不到老年人的衰弱，如同年輕人一樣地膚色紅潤，精神十足。還有人打聽我是從哪兒來的這種精神和幹勁。實

際上，這是因為我一直積極、認真工作的緣故。」

弱點之三：別人會怎麼評價我呢？

人類生來是為了成就事業，每個人的生命裡都有一顆偉大的種子，這其中自然也包括你。你是一個有價值的人，有能力創造美好事物。

然而，如果你只聽到別人說你不夠資格，你多半會相信他們的話。如果別人不斷告訴你，要贏得大家的認可，你也一定會照著去做。如果別人每天告訴你，你是二等公民，你很可能會開始同意他的話。

傳道士比爾在監獄傳福音時得知，有90％的犯人，他們的父母都經常告訴他們，不論他們如何努力，到頭來總會又回到監獄！

許多偉大的發明家、創造者、哲學家和天才，被當成「瘋子」、「傻瓜」或「白癡」，但他們孤軍奮鬥，對抗人們的嘲諷和漠視。

美國北卡州杜克大學超心理學實驗室的萊恩博士，就讀芝加哥大學時，聽了亞瑟·柯南道爾的演講，開始研究心靈的現象，想要以科學的方法，探索並且開發人類意志的未知力量。

他決定在大學擔任教職，有人警告他，如此將使他的聲望受損。他的朋友紛紛阻止他，有些不再與他來往。

「我必須找到自己的路，忠於自己。」萊恩對自己說。

他忠於自己，終於在科學界受到肯定和推崇，成為舉世知名的專家。

過去45年來，他打破禁忌，忍受漠視、敵對和嘲諷，最大的阻力是缺乏研究經費，甚至曾經從醫院廢棄不用的儀器中，找出

可用的零件拼裝成實驗器材。

你是否執著於一個偉大的理想？許多大學教授付出所有的時間，努力追求能使全人類受惠的真理。他們不但缺乏研究經費和設備，甚至無法負擔自己和研究人員的生計。

即使外界給你不好的評價，你也不要放棄自己。畢竟你是唯一能夠決定如何開發自己潛能的人。

弱點之四：我有某些缺陷，怎麼能像正常人一樣成功呢？

富蘭克林‧羅斯福小時候是一個脆弱膽小的男孩，臉上顯露著一種驚懼的表情。如果被喊起來背誦，立即會雙腿發抖，嘴唇顫動不已。

像他這樣的小孩，自我感覺一定很敏銳，迴避任何活動，不喜歡交朋友，成為一個只知自憐的人！

像他這樣的人，如果停止奮鬥而自甘墮落，則是相當自然而平常的事！

假使他極為注意身體的缺陷，或許他會花費許多時間去洗「溫泉」、「礦泉水」，服用「維他命」，並花時間航海旅行，坐在甲板的睡椅上，希望恢復自己的健康。

但是他卻不這麼做。

他不把自己當作嬰孩看待，而要使自己成為一個真正的人。他看見其他強壯的孩子玩遊戲、游泳、騎馬、玩耍或進行其他一些激烈的活動，他也去做，他要使自己變為最刻苦耐勞的典範。如此，他也覺得自己變得勇敢了。當他和別人在一起時，他覺得他喜歡他們，並不願意迴避他們。由於他對人感興趣，自卑的感覺便無從發生。他覺得當他用「快樂」這兩個字去面對別人時，

就不覺得懼怕別人了。

羅斯福雖然有些缺陷，但他從不自憐自艾，相反地，他相信自己，他有一種積極、主動、樂觀、進取的心態，激發了他的奮發精神。

羅斯福的缺陷促使他更努力地去奮鬥，他不因為同伴對他的嘲笑便減低了勇氣，他喘氣的習慣變成一種堅定的嘶聲。他用堅強的意志，咬緊自己的牙床，使嘴唇不顫動而克服他的懼怕。他正是憑著這種奮鬥精神、這種積極心態，而終於成為美國總統。

他不因自己的缺陷而氣餒，他甚至加以利用，變其為資本、變為扶梯而爬到成功的巔峰。在他的晚年，已經很少有人知道他曾有嚴重的缺陷。美國人民都愛他，他成為美國最得人心的總統，這種情況是前所未有的。

他的成功是何等神奇、偉大，然而先天加在他身上的缺陷又是何等的嚴重，但他卻能毫不灰心地做下去，直到成功的日子到來。

羅斯福成功的主要因素在於他的努力奮鬥和自信自強，更重要的是他從不自憐自卑，他相信自己，不低估自己的潛能，正是他這種積極的心態鼓勵他去努力奮鬥，最後終於從不幸的環境中找到了發揮潛能的秘訣。

羅斯福發揮潛能的方式是何等的簡單，然而卻又是何等的有效？這是每個人都可以實行的。

具有某種缺陷的人在充滿競爭與挑戰的大千世界裡，他們既有自顧自憐、不求進取、無所作為的充分理由，也有克服缺陷，改變自我的機遇和條件。也就是說，在取得事業成功的道路上，他們需要比沒有缺陷的人付出雙倍的艱辛，需要更深度地開發自己的潛能。當然，努力程度不同，取得結果也因人而異。

如果彌爾頓不是瞎了眼，可能寫不出這麼優美的詩篇來。

如果貝多芬不是耳聾了，可能譜不出這麼偉大的曲子。

如果海倫‧凱勒沒有瞎和聾，可能不會有今天光輝的成就。

如果柴可夫斯基不是那麼的痛苦——而且他那悲劇性的婚姻幾乎使他瀕臨自殺的邊緣——如果他的生活不是那麼的悲慘，他也許永遠不能寫出那不朽的《悲愴交響曲》。

如果陀思妥也夫斯基和托爾斯泰的生活不是那樣的曲折，他們可能也永遠寫不出那些不朽的小說。

研究那些有成就者的事業，你可以深深感覺到，他們之中有非常多的人之所以會發揮潛能、獲得成功，是因為他們開始的時候有一些會阻礙他們發揮潛能的缺陷，促使他們加倍地努力而得到更多的報償。正如威廉‧詹姆斯所說的：「我們的缺陷對我們有意外的幫助。」

挪威著名小提琴家布林有一次在巴黎舉行演奏會，一曲未終，一根弦突然斷掉。他不動聲色，繼續用三根弦奏完全曲。事實上，這就是人生——只要你對潛能有強烈的信念，就能用其餘三根弦奏完人生。

課後分析：

◆你認識自己的能力嗎？

◆並非大多數人命裡注定不能成為愛因斯坦式的人物。

◆如果人能發揮大腦一半的潛能，將會輕易學會40種語言，背誦整本的百科全書，拿到12個博士學位。

◆事實上，每個人都有無盡的潛能。

◆千千萬萬的人活著，然後死去，卻從未意識到存在於他自身的人類從未開發的巨大潛能。

第一課
喚醒沉睡的潛能

Potencecy Exploit

「如果我能像湯姆那樣精於表達該有多好？」

「如果我能像莎莉那麼會控制自己就好了。」

如果？如果？這兩個字我們每天不曉得要說多少次。這是多麼偉大的一個字眼？因為它可以將我們的想像無限延伸，凡是做不到的事都可以拿它來當藉口，也可以用來逃避責任。

可是，它也是多麼不必要的字眼？畢竟，所有假設的情況在未實現之前都不算數。尤其是當你用這兩個字來和別人相比較時，明知道自己的個性、嗜好、習慣……都和他人不同，根本不可能成為另一個人，又何苦欺騙自己呢？

第一課

喚醒沉睡的潛能

1.自我省視

你不必老想和別人一樣，就做你自己！

扮演好自己的角色，這才是最重要的。別忘了，每個人都是完整而獨立的個體，每個人都有特別的優點，要是能按照這些特點盡情發揮，一定成就非凡。硬要捨棄自有的天賦去學別人，就算學得唯妙唯肖，那又怎麼樣？充其量也只不過是個二流的別人而已。

看看演藝圈吧？「超級模仿秀」遍地開花，有幾個真正成功？世界各地模仿貓王的人成千成百，哪一個真正大紅大紫過？別人也只當他們是貓王的替身而已，他們都成了一群沒有名字的人，不管是出現或消失，又有誰在意？

當然，對那些有特別能力及才能的人，我們在讚賞之餘，繼而向他們學習，這並沒有錯，反而可以加速自己的成長，但這並不是要你凡事都得模仿對方才行。

而且，不要忘了，你也有特別的才能和能力，別人或許也正因此而讚賞你，想以你為師呢？

每個人都是別人眼中優秀的人才。我們老在羨慕別人，而別人也在羨慕我們。這就是人類學習、成長的方式。

每個人確實應該正確地評估一下自己，客觀地進行自我檢

查，評價自己的實際能力，找出自己的主觀缺點和毛病。否則，自己總認為自己蠻不錯，而將別人說得一塌糊塗。只有客觀而公正地評價自己，才能不陷於盲目樂觀和妄自尊大的境地，才能有助於發揚長處，克服短處，在為事業的奮鬥過程中不斷取得成果，力爭成為名副其實的成功者。

為了激發你的潛能，你應該把過去的想法，或是工作的方針做個改善，其他的人——例如你的老師或上司，這些人對你影響雖然很大，但是最重要且具有決定權的人就是「自己」。你將來的成就如何，全靠你肯不肯努力，所謂的老師或上司能不能幫忙，只占極小的部分。

為了要計畫你的人生，一定要先了解你本身的條件，而且要以它為基礎，常常作適度的改善。

不妨自我省視一下你自己：

■不管任何工作，自己是不是能做得很好？或是馬馬虎虎地混過？你的工作性質怎麼樣呢？

■何種工作使你獲得最大的成功？這種成功對於你的能力及做事的技巧究竟有什麼幫助呢？

■你在工作上什麼地方失敗過？去年工作的三大失敗是什麼？為什麼會遭受如此大的失敗呢？為了要避免失敗，你究竟採取了什麼措施？

■目前所遭遇的困難是哪些事情？其中最大的困難是什麼？

冷靜地思考上面幾個問題，大家應該了解自己的長、短處，而且這種問答不只做一次，必須要定期地而且長期地去做，至少也要做個兩、三次才行。能夠這樣，也就可以了解自己究竟有沒有進步，或是停滯及退步了。

自己一般性的資質，也可以用下面幾個項目來分析：

■我的人生使命是什麼？

■我有什麼才能？

■最適合我的是什麼工作？

■我到底做了哪些有價值的事？

■我到底做了哪些沒價值的事？

總而言之，我們可以用上面的幾個法則，客觀、冷靜地省視自己。

🌸 2.了解你自己

在特爾斐阿波羅神殿的牆壁上，刻有這樣的壁文，「了解你自己」。這是每個人必須了解，而且一生中都不能忘記的最重要的座右銘。了解自我貫穿於人生的始終，也是一個人畢生事業及生活之路的重要依賴。

可以說，選擇一項事業就是選擇一種生活。為了創造性地工作，一個人對職業的選擇活動，必須建立在他從事某種工作的「內心傾向」基礎之上。

我們把存在生命器官之中的、繼承而來的、並且是先天具有的才能稱為「潛在才能」。在這些潛能中，通常有一種是最引人注目和最顯著的。

當一個人具有了發展這種潛能的機會，利用起他生命中的最優良素質，那麼我們就稱之為理想的人生。也就是說，這個人發現了他的人生支點，找到了真正的所謂「內心傾向」，這樣做就使得他的個人效率達到最大化。我們尤其要重視這一點，把自己的才能按照適用、能勝任和最有效率的原則分配在各項工作之中。

今天，我們每一個人都必須比昨天更加努力地在各自的工作中富有創造性、勤奮性和孜孜不倦的精神。為了達到這一點，一個人必須從事自由的和創造性的、有趣味的職業。這正是恩格斯所說的「人類生存的自然條件」和「一種代替了負擔的快樂」。

同樣地，個人潛能的發揮在很大程度上也依賴於一個人的專長，或從事某種工作的內心傾向，是否與他的那些才能相適應。只有稱心如意的職業，才能夠同時帶來幸福和自我實現。一個人得到職業滿足和在生活中找到自己適當的、必要的位置，可以帶來其他任何方面的成功都不能替代的振奮和愉快，從而最大限度地激發潛能。

人與工作的和諧搭配及其相互作用，哺育著人們提高和增進才能。

人與工作的和諧搭配，天生具有一種強大的能量，這一點常常在某一些人的生活中看到——他們工作就像唱一首歌一樣輕鬆、靈巧，並且做任何事情都得心應手。此時可以說，這些人具有做這類工作的能力，或說他們能充分發揮自己的潛能。

「做的技藝出自做的過程」，自然，你不開口，永遠也不能說你會唱歌或有一副好嗓子。嘗試是認識自己的所謂「內心傾向」的最主要途徑。

只有在工作的環境中，在工作的團體中，在創造的痛苦中，一個人才能夠發現充分表現自己才能和天資的天地，並塑造自己的個性，發揮自己的潛能。

由於當今世界職業種類繁多，如何能夠避免職業選擇與自己「內心傾向」的錯位，這種判斷變得困難了。發現一個人的「內心傾向」不是件容易的事，而且也不是每一個人都能夠在這方面成功。因此，很有必要來重複這樣一句格言：「沒有缺乏天資的

人，但有些人在職業選擇上誤入了歧途。」

對一個局外人來說，塞瑞特可能被視為春風得意的青年。他僅僅20歲出頭，已在科技學院讀書4年。他是一個優秀的學生，而且因為工作上的成績獲得過獎金。但是，當人們問他是否幸福時，他感到「喉嚨堵塞」。

他說：「你明白，我在4年裡一直是機械地做完了各種事情：考進了學院，通過了各種考試，甚至微笑過。但我的確不記得曾有過真正的激動。所有這些都是因為我不喜歡我未來的職業。不，我永遠也不會成為一名優秀的工程師。」

從事一項「錯誤的職業」，處境非常艱難。它使一個人喪失工作的興趣，遭受過度的緊張和勞累，形成一個上班時數時度日的難以忍受的習性，人也變得遲鈍、呆笨，更不用說發揮潛能。

有的人非常幸運地在兒童時代就顯示了他們的潛在能力。於是，家庭和社會通常都開始培育這些先天的才能。如果一個人在年輕時就捕捉到他的才能信號，就能發現他的「內心傾向」，那自然是很理想的。遺憾的是，事情並不總像這樣順利。更多的人對自己的能力幾乎一無所知，對如何發現自己的能力也一知半解。所以，他們尋找理想的職業就花費了相當長的時間。

誰幫助我們發現和發展我們的能力呢？家庭、學校、朋友、同事──實際上每個人都在某種程度上發揮了作用。但是，任何人都不及我們自己在發現我們潛能方面的作用更大。

所以說，發揮潛能，就要了解你自己，就要有自知之明。

3.擁有自己的寶地

古代有個印度人，名叫阿里，是個富裕的農夫，一心想要挖

掘埋藏鑽石的土地，於是把家產全都賣掉，然後到處旅行，最後終於窮困潦倒，客死他鄉。

誰也沒想到，他所賣掉的土地中，竟然埋有世界上最大的鑽石。

這個故事說明人們不重視自己所擁有的東西，卻愚昧地向外求發展。

想想看，在你自己身邊早就擁有「埋有鑽石的土地」，可不要「身在福中不知福」才好。

🌺 4.把握人生的指南針

相信你一定遇到過棘手的情況，遲遲做不了決定。這其中的原因乃是你不知道這種情況下什麼是最重要的價值。

事實上，一切的決定都根植於清楚的價值觀。

有傑出成就的人，必然能很快做出決定，那是因為他清楚知道自己人生最重要的價值何在。價值觀猶如人生的指南針，引導人通過人生中各種困境。

不同的價值觀，帶給人不同的人生。無論任何人，他的價值觀只能是經過他自己痛苦的選擇後才決定下來的。

海倫是個地方報紙的專欄作家，專門報導內幕新聞，薪水很高，朋友都覺得她很幸運，然而，她卻從來就沒有感受到成功的喜悅。

為什麼？因為她非常重視人道主義：她喜歡幫助人，她需要幫助人。寫這種專欄不但不能滿足她幫助人的欲望，還令她有剝削別人的感覺。

也許別的人不會有這種感覺，也許別人喜歡寫這種專欄。可

是最重要的是：海倫有不好的感覺，她根本就不喜歡寫這種專欄。寫這種專欄，對她來講，就是一種自己害自己的決定。看不起自己的工作，使得她看不起自己，也使她覺得不成功。

假如海倫清楚自己的價值觀，接受自己的價值觀，那麼她一定會找個新的工作，也許就是改寫能幫助人的專欄。

什麼叫做價值觀？簡單地說，就是每個人判斷是非黑白的信念體系，引導我們追求所想要的東西。

我們一切的行為，都在於實現我們的價值觀，否則就會覺得人生有缺憾，沒有意義。價值觀會主宰我們的人生方式，影響我們對周圍一切的反應。

價值觀頗似電腦的執行系統，雖然你可以輸入任何的資料，但電腦是否接受或運行，還得看執行系統是否先設定了相關的程式。價值觀就是我們腦子裡判定是否執行的系統。

有什麼樣的決定，就會造成什麼樣的命運，而主宰我們做出不同決定的關鍵因素就是個人的價值觀。愛因斯坦說：「一個人的真正價值首先決定於他在什麼意義上從自我解放出來。」

一個人要想展現自己的人生價值，他就必須清楚知道自己的價值觀，同時確實按照這個價值觀過其人生。一個人只要改變自己先前的信念，能夠始終盯著更高的價值標準，那麼他的潛能就會有更大的發揮，人生也因此大大地改觀。

不屬於你的東西，你不必假裝擁有。屬於你的東西，你更不必否認。假如你喜歡自主，很好！假如美麗的環境對你很重要，很好！你的價值觀是你本質的一部分，因此，要想做一個誠摯的人，你必須先得了解和接受自己的價值觀。

如果我們不知道自己人生中什麼是最重要的——什麼價值我們確實應該堅持的——那麼我們怎麼會知道該建立什麼樣的人生

價值？又怎樣能知道該做出何種有效的決定？

　　不管你的價值觀是什麼，但千萬別忘了，它就是你人生的指南針，引導著你人生的去向，每當你面臨選擇的關頭，它就會為你做出決定，使你拿出必須的行動。

　　這個指南針如果你使用不當，就會給你帶來挫折、失望、沮喪，甚至人生就此掉進陰暗的世界。然而你若使用得當，它就會帶給你巨大的力量，人生充滿自信，不論處在任何狀況都抱持樂觀的態度，這是許多成功人士所共有的一個特質。

　　好好思考你目前所持的價值觀，它們是怎麼塑造出今天的你。今後你要堅守正確的價值觀、修正錯誤的價值觀，因為你的一切決定都受制於所持的價值觀，半點都由不得自己。

　　一旦你知道了自己的價值觀為何，就會明白何以會走那樣的人生方向。此外當你知曉自己的價值體系，也就會明白為什麼有時候會難以下決定，為什麼內心有時候會掙扎。

　　馬斯洛說過：「音樂家作曲，畫家作畫，詩人寫詩，如此方能心安理得。」當你知道了自己的價值觀後，就能更清楚明白自己的作為，不會今天一下子向東、明天一下子向西。

　　每個複雜的體系，不論它是一部機器，或是一台電腦，其各部分結構都得協調一致，相互支持，方能達成最佳的動作。如果各行其是，沒多久便會停機。人類也不例外。我們的行為若無法與內心最重要的願望相符，那麼便會在內心產生對立，成功也就遙遙無期了，更不用談什麼發揮潛能了。

　　如果一個人正在追求某件東西，但在內心裡卻與是非黑白的信念相衝突，那他就會陷於內心混亂的地步。

　　我們若想發揮潛能，若想能改變、成功、興盛，就得清楚自己以及他人的法則，同時確實知道衡量成敗的標準。否則，我們

只是個富有的乞丐。

成功地發揮潛能和你的價值觀是分不開的。許多人犧牲自己的價值觀，去做自己不願意做的事，這就是他們不能發揮其潛能的原因。

該做老師的人竟成了企業家，該做企業家的人卻跑去當老師。該做管理員的跑去做推銷員，該做律師的跑去當醫生，應該做醫生的卻自己創業做老闆——這種入錯行的人太多了。他們注定要失敗，因為他們沒有選擇能激發潛能的生活……

要想發揮潛能，要想成功，你一定得表現你的價值觀。換句話說，你必須根據對你最重要的事情來擬定你的目標。

所有的價值觀都是中性的，無所謂好的價值觀與壞的價值觀。渴望權力沒什麼不好，因為權力是中性的。重要的是你運用權力的方式是建設性的還是破壞性的，你有可能成為希特勒，也有可能成為甘地，全看你怎麼利用這些價值觀構成你之為你的因素罷了。

✿ 5.獨一無二的你

樹葉是獨一無二的，雪花是獨一無二的，沒有任何兩片樹葉、兩朵雪花是相同的，我們的指紋、聲音和DNA也是如此。因此可以肯定，我們每一個人都是獨一無二的個人。

然而，儘管歷史上從來沒有完全像我們一樣的人存在過，但我們還是習慣於將自己與別人相比。我們把他們作為標準來衡量我們的成功，我們常常在報紙上讀到某人取得了偉大的成就，然後很快就拿來與自己作比較，內心因此得到一點安慰，或是一點遺憾。

不斷地拿自己與別人相比，只能使你對自我形象、自信以及你取得成功的能力產生負面影響。你應該向一個人請教自己的能力是否得到了充分開發——這個人就是你自己。

把自己與別人相比是毫無意義的，因為你根本不知道別人在生活中的目標與動力以及別人獨一無二的能力。

別人有別人的才能，你有你的才能。

我們常常認為才能就是音樂、藝術和智力方面的天賦，但實際上，我們人人都有奇妙的、卻被忽視的才能，諸如激情、耐力、幽默、善解人意、交際才能等等，它們是可以幫助我們取得成功的強有力的工具。

人都是獨一無二的。使我們獨一無二的，是我們透過思想意識的作用而在自己內部帶來變化的能力。我們對自己的認識、對自己的定位以及我們將要實現的目標決定著我們在這個世界上的獨特的位置，決定著我們潛能的發揮程度。

科學家認為，人50％的個性與能力來自基因的遺傳，50％不取決於遺傳，而取決於創造與發展。如果能夠做到這一點，你最希望的變化是什麼？

當然，我們必須承認有些事情是我們無論如何積極思考也無法改變的，比如身高、眼睛、膚色等等，但是我們卻可以改變對它們的看法，這是一種優良的品質。

我們常常聽到有人說：「我沒有什麼特別。」實際上，每個人都是很特別的，但如果你不相信這一點，那麼便沒有什麼人有特別之處了。

嬰兒受到極大的讚美和無限的喜愛，大人說她如何了不起，用這種積極的強化了的資訊來發展她的心靈。但是，隨著年齡成長，這種過程被慢慢地抑止下來。當我們受到別人的讚美時，第

一反應就是謙虛一下，久而久之，謙虛之中也便深入了我們的潛意識，我們逐漸學會了協調與適應。

當我們出去玩耍時，我們不願使自己突出於人群，不願自己與別的孩子有什麼不同，我們成為一個普通人。在以後的生活中我們尋求停留在這種形象的界限之內，因為這樣最安全。

我們忘卻了改變自己的能力，我們無意中壓抑了自己的潛能。

看看計程車公司或是速食店吧，我們起初會覺得個體公司不怎麼樣，但仔細觀察，我們會發現它們在品牌意識、顧客接待與企業整體形象方面有小小的不同，正是這些賣點，使它們在殘酷的競爭中有自己的優勢。最終成功的公司都知道小細節處可以作大文章，它們有自己獨一無二的企業形象，並把這種形象與品牌意識和售後服務結合起來。

從一定意義上說，你也是如此。如果認定了自己的獨特之處，你同樣也能成就你獨一無二的形象，你可以創造出你自我的特殊品牌。

試想一下，用一個詞來描繪某家公司或某個人，對某個人，你可能選擇「古怪」、「卑劣」、「輕率」等詞。對一家公司，你可能會說「殘酷」、「無競爭力」、「不切實際」等等。現在，試著用一個肯定性的詞語來描繪你身上令你自豪的地方，這是確立你自己形象的第一步。不僅是現在的你，而且是你想成就的你自己。

「我是誰？」對這個問題清晰的理解與意識就是你的個性。如果你有一個清晰的自我形象，那麼你便不會給自己貼上或是好的，或是壞的標籤。

不要被你所做的工作、所住的房子、所開的汽車或是所穿的

衣服限制住，你不是這些東西的總和，成功者相信的是自己，他們取得成功的潛力不依賴於地位或身分，而依賴於他們自身實現目標的信心。

列舉出你的長處，請你的上司、老師這些能確實告訴你意見的人來幫你找到這些長處。接著在如上所說的各長處底下，寫出3個雖然在事業上很成功，但是在長處上不及你的人。

這樣列出表來，至少你可以發現，自己有一個長處優於在事業上比你成功的人。結果，你將可能獲得一個結論——你的本領比你自己想像的還要大。

由以上的結論，我們可以看出一個人的想法可以影響他的本領是大是小。因此，我們應該要想像自己真的有那麼大的本領，千萬不可貶低了自己的能力。

我們做到了解自己的長處和短處後，接著第二步要很有耐心地改善自己的缺點。你的潛能能否衝破缺點的阻擋噴發而出，就在此一舉了，因此要注意幾點忠告：

■勿好高鶩遠——不要想一蹴而幾，一開始就想做大的事情，往往適得其反，應先從改善較明顯的缺點著手。

■應該用心地把幾個小改善連貫起來。然後做成大的改善——如果一開始就要求自己做過多的改善，往往是達不到目的的。我們要認清大改善是由一連串的小改善累積而成的。

■對自己的計畫做一個全面性的整理。如果對自己讀書以及調查的預定表，沒有一個系統性的規畫，簡直就是在浪費時間。如果凡事都能事先計畫一番，做起事才會有效率。

■必須留一點時間給自己——改善自己的時間應該編在工作時間表內，無論多少時間，一小時也好，半個鐘頭也好。不管時間長短，一定要騰出一定的時間，每天很有系統地改善自己，此

點是極重要的。

　　■計畫表中加上一項追蹤檢討──定期檢討改善的成效。追蹤檢討最重要的莫過於──要時常保持新鮮感，往往時間愈久，就會愈失去原來的熱度而漸漸不受重視，所以非做定期檢查不可。基於這個道理，經過3個月後檢查，或經過6個月後再檢查，這樣就可以永遠保持你剛開始實行計畫的工作幹勁。

6.喚醒心中的英雄

「事情本該如此？」

「那是偶然而已。」

「我從來沒有遇到這麼好的運氣。」

　　你是否經常口出此言呢？據說一個人做他經常做的事，那麼，他得到的便是他經常得到的東西。我們的思維習慣在潛意識裡決定著我們如何反應及如何行動。

　　只有當你堅定地相信自己總是一個失敗者時，你才總會失敗，如果你決定打破這種觀念，你便能夠打破。你執著信仰的任何東西都會對你的潛意識產生影響，進一步說，你的潛意識不能區分事實與虛擬，只會以鼓勵性或限制性的行動來持續不斷地強化你在潛意識中的自我形象。

　　過去的已經過去，我們無法改變。我們必須接受的事實是，隨著事物的變化，我們也必須變化。

　　然而人們一旦得到提升，伴隨著新的責任與期盼的是一種焦慮，當要求變化時，他們便會加以拒絕。他們從以往的經驗來判斷被要求去做的事，他們認為無法做。

　　他們就像是一隻美麗的籠中鳥一樣，被主人禁閉起來加以餵

養。主人死去後，鄰居走過來打開鳥籠，說：「好了，你現在自由了。」但是那隻鳥卻站在鳥籠的小門口，四處張望，自言自語：「我就留在這裡，因為這是我所知道的世界，儘管它有各種侷限，但我在這裡是安全的。」牠不知道鳥籠外面是一個充滿機會、值得探索的奇妙世界。

有多少人在面試時感到害怕，總是回想起過去被拒絕的情形？對失敗的回想在潛意識中造成了緊張的感情反應，從而導致頭痛、煩躁、易怒等很多問題的出現。愈是緊張，愈無法在面試中表現自己，當壞消息到來時，我們便會完全信服了自己的預言似的說道：「我就知道自己根本得不到那份工作！」

事實上，不是你注定得不到那份工作，不是你注定不能成功，而是你心中的英雄尚在沉睡之中。

什麼是英雄？英雄是那些敢於去做他或是她在本性上感到害怕之事的人，他們所做的事是需要「勇氣」的。英雄的行為受到人們的讚揚，其品質堪稱典範。

每一個人在內心之中都有一個英雄，我們已經失去了聯繫的處於休眠狀態的英雄，他絕對相信自己有取得成功的能力。

成功不是在戰場上贏得獎章之類的東西，而是你每次摔倒後再站起來的能力。相信你無論摔倒多少次，你都有再一次站立起來的決心和意志。記住：贏家只不過是爬起來的次數總比摔倒的次數多一次。

英雄做的事情看起來不同尋常，但實際上，他們與我們平常人一般無二。當我們在生活中面對令我們恐懼、退縮的事情時，征服它們的同時，我們就表現出了內在的英雄本色，這樣就會極大地強化我們的自我信念。

潛意識總是趨向於你所持有的包括我的目標在內的自我形

象。如果你堅信能實現目標，你便能創造幫助你前行的條件。同樣地，如果你堅信有什麼不祥之事要發生，那麼當遇到某種意想不到的挑戰時，你便會心灰意冷，失去自信心。你會把這些事件當作是你預料中的失敗，並加以認同。

習慣於失敗的人在精神上有一種不可逆轉的失敗感，他們在潛意識中形成了不會成功的信念，並使自己的行動在無意識中遵循著這種觀念。相反地，成功者卻在精神上有一種堅強的成功感，他們常常在潛意識裡形成了成功者的形象。

當你確定未來的目標時，當你夢想未來的成功時，要積極地去設想一切，要有一個偉大的夢想。

✿ 7.學會支配自己

從前，有個愛爾蘭家庭要移民美洲。他們非常窮困，於是辛苦工作，省吃儉用3年多，終於存夠錢買了去美洲的船票。當他們被帶到甲板下睡覺的地方時，全家人以為整個旅程中他們都得待在甲板下，而他們也確實這麼做，僅吃著自己帶上船的少量乳酪和餅乾充饑。

過了一天又一天，他們以充滿嫉妒的眼光看著頭等艙的旅客在甲板上吃著奢華的大餐。最後，當船快要停靠愛麗絲島的時候，這家人中的一個小孩生病了，做父親的去找服務人員並且說：「先生，求求你，能不能給我一些剩菜剩飯，好給我的小孩吃？」

服務人員回答說：「為什麼這麼問，這些餐點你們可以吃啊？」

「是嗎？」這人疑惑地問，「你的意思是說，整個航程裡我

們都可以吃得很好？」

「當然！」服務人員以訝異的口吻說：「在整個航程裡，這些餐點也供應給你的家人，你的船票只是決定你睡覺的地方，並沒有決定你的用餐地點。」

人們總是會把「了解自己」解釋成「了解自己的消極面」，其實態度不該如此，而是「要全面了解自己」。為了充分了解自己，應該更進一步做「支配自己本身」的工作。

你似乎感覺自己已經抓住車子的方向盤，同時完全掌握了車子的正確操作。車子開動後照著你的意思前進後退，往左或往右，其實從你下車到再度使用車子為止，所運用的道理的方法都是一樣的。

要支配自己和上面的道理相同，讓肉體來順從你的意志，而不是讓肉體來役使你，精神應該是肉體的主人，肉體只是扶持精神的，每一個人都應該有這種認識。

能夠自我支配的人，絕對不會有如下的想法：「我沒有辦法做這件事」，因為如果他自己認為做得到，就一定可以做到。

要支配自己並不困難，首先是要尊敬自己。因為失去自尊心的人是沒有辦法把握自我的。有許多人就是因為喪失了自尊心，所以不敢前進。像這種人他們總是有意無意地認為自己活在世界上，只配看那些運氣好的人取得成功，他們認為自己只有這種資格。

如果從事任何工作，他們每遭遇一次失敗，更會以為自己一輩子也沒有辦法得到成功的幸福。

在你經營的事業不太順利時，你首先大概會做下面的事吧：學習有關企業方面的所有知識，特別關心影響事業的消極因素，然後你就會守住積極面，去研究那些讓事業活躍起來的原因。

如果你能這麼做，就能把消極面減少到最低程度。相對的，你能把積極面擴大，你的事業一定也能順利發展。

若想支配自己，就必須了解自己的缺點，使消極面減少，同時也要了解自己的長處，讓積極面擴大。

現在準備一張紙和筆，在紙的中央畫一道線，把所有的消極特質，也就是自己應該努力減少到最低程度或完全消滅的特質，一一列舉出來，例如你膽怯或懦弱，或者容易煩惱，或有某種不良的習慣及嗜好等，寫在紙的一側。

把自認為好的一面寫在紙的另一邊，如：溫和的脾氣、性格，又如「凡事往好處想」。

其真正用意，並不在堆列所有好的和壞的特質，而是要把自己的形象活生生地勾畫出來。

觀察勾畫出來的自我形象，你可能會發現新的事實，你並不是一個十分沒用的人，雖然有許多不太好的特質，但是那些都能在積極面的項目中充分地抵銷掉。

克服消極傾向，不要想在短短的一個晚上出現奇蹟。可能你到達現在的地位，已經花費了好幾年時間，所以你應該覺悟，要改變這種局面，需要再花一段時間。

仔細地考慮，應該先從哪個消極面著手，不要一開始就選擇立即可以完成的項目。也許有些人能一次就全部完成，如果沒有這種自信，不妨先選擇其中幾種試試看。

一定要堅持到底，千萬不要中途退縮，要直到完全勝利為止。

為了獲得支配自己的意識，須常常對自己反覆地提醒：

「我是我自己思考和作為的主人，我的未來是由自己來創造的。或許以後我會成就非凡，因為我對未來充滿了健康、樂觀和

幸福的憧憬，所以我⋯⋯」

　　每次你心裡反覆念著這些話，就可能發現一種不可思議的力量。

❀ 8.確立全新的自我

　　每個人都有一定的潛能，然而究竟能發揮多少，這就要看人們對自我是怎麼認定的了。

　　一個人如果認定自己是個有能力、有才華的人，那麼他就會發揮出符合他這種認定的一切天賦。如果一個人認定自己是個笨蛋，是個窩囊廢，那麼他就不可能發揮出他實際存在著的潛能。一個人只要認定自己是個什麼樣的人，就要堅定不移地走下去，不管別人怎麼看待和評論自己。

　　問題的關鍵在於，自己對自我的認定是否準確無誤。如果自己的自我認定錯了，那種錯誤的認定就必將嚴重影響、困擾自己的一生。

　　人的自我認定是可以改變的，人生也隨著自我認定的改變而改變。當一個人不滿意自己的目前狀況時，就需要按下述幾個步驟重新改造自己：

一、記錄你心目中的英雄

　　將所希望的自我認定的條件寫下來，而後思量一番：到底哪些人身上具有這些條件？自己是否可以仿效他們？設想自己已經融入了這一新的自我認定裡，在這一認定裡的自己該如何呼吸？如何走路？怎樣說話？怎樣思考？如何感受？

　　你若想真正拓展自己的自我認定和人生，那麼由此刻開始，你就得下定決心想要成為什麼樣的人。你應回到孩提時代的心

態，對未來滿懷希望地記錄著上述角色所必須具備的各種特質。

二、「下一步該怎麼辦？」

列出你的行動方案，以便能夠和這個新的人生角色相吻合。這時，你要特別留意結交什麼樣的朋友，要讓你的新朋友強化而不是削弱你的自我認定。

三、不要讓心目中的英雄溜走

這最後一步便是讓你周圍的人都知道你的這一新的自我認定，而更為重要的是要使你自己明白。你自己每天都要以這個新的自我認定來提醒、告戒、把握好自己。

確立新的自我認定後，不管周圍的環境多麼惡劣，周圍的某些人多麼嫉賢妒能，你都應該下定決心，排除各種干擾，克服一切困難，全力實現自己堅持的價值與所做的美好之夢。

你自己想成為什麼樣的人，就得下決心像那個人一樣去思考、感覺和行動，最終你將真的能成為那樣的人。過去你是什麼樣的人早已無關緊要，重要的是現在你想成為什麼樣的人。

每個人在人生的旅途中都不會是永遠一帆風順的，往往要遭受各式各樣的痛苦與磨難。其原因當然很多，但其中有一條原因特別值得人們深思，那就是未能持之以恆。凡是打定主意、持之以恆、百折不撓、勇往直前的人，都會成就程度不同的成功事業。而善於夸夸其談的人，雖能暫時用美好動聽的話語矇騙住人，卻絲毫無法改變其偽君子的本性。

一個人若能堅持原則、站穩立場、信守承諾、胸懷坦蕩、虛懷若谷、實事求是、苦心奮鬥、百折不撓；那麼，未來一定會有許多美好的事物正在等待著他。

✤ 9.發現另一個自己

有人問古希臘犬儒學派的創始人安提司泰尼：「你從哲學中獲得了什麼呢？」

他回答說：「發現自己的能力。」

正是這種能力的獲得，使人的思想和情感具有往高尚和純粹境界提升的可能。

人缺乏發現自己的能力，意即缺乏對自己的審查、懷疑、反省與懺悔的能力，缺乏深入探究事務真相和本質的能力時，就很容易會被自己所矇蔽，糊裡糊塗地虛耗且損害自己的生命，甚至給別人、給社會帶來禍患。

「不識廬山真面目，只緣身在此山中。」人是很難有自知之明的。假如既沒有自知之明，又狂妄自大，就猶如一個人衣冠楚楚、彬彬有禮、一派紳士風度，卻在屁股後面露出一根毛茸茸的尾巴，讓大家忍不住發笑。事實上，這類笑話是司空見慣的。

發現自己，就是發現另一個自己，發現假面具後的另一個真實的自己、一個分裂的自己的各個部分，發現自己的侷限、偏見、愚昧、醜陋、冷漠、恐懼，發現自己的熱情、靈感、勇氣、創造力、想像力和獨特的個性。

實際上，一個人多多少少是分裂的，在分裂的各個自我之間進行平等、理性的對話，正是一個人的內省過程，正是一個人的悟性從晦暗到敞亮的過程。正如真理愈辯愈明，在各個自我之間的述說、解釋、勸慰乃至激烈的辯論中，人心深處的仁愛、智慧和正義感就可能浮出水面。

安提斯泰尼是善於發現自己的。他看到鐵是被銹腐蝕掉的，他因此評論說，嫉妒心強的人會被自己的熱情消耗掉——他是在

與自己的嫉妒談話，對自己潛伏著的嫉妒做出嚴重的警告。他常去規勸一些行為不軌的人，有人便責難他常與惡人為伍，他反駁道：「醫生總是與病人在一起，但自己卻沒有發燒感冒。」——其實，他是在與自己的德性和自信談話，他必須忠實而公正地生活著，隨時警惕自己不要做錯事。

一生與孤獨為伴的存在哲學之父、後精神分析大師克爾凱郭爾，更是擅於發現自己的人。

他在世時，全世界都不理解他，甚至敵視和厭棄他。他一方面向全世界的虛偽和庸俗宣戰，一方面又回到自己的內心，不厭其煩地與自己談話。

他在短短的一生中寫了一萬多頁的日記，也就是說，他幾乎天天在與自己談話。然而，正是這位「真正的自修者」，這個與全人類社會格格不入的「例外者」充滿絕望與激情的自我傾訴，在許多年後成為震撼人類精神的偉大啟示。

偉大的詩人都善於發現自己。因為只有善於發現自己，他的作品才更具有真實性與洞悉事物的尖銳性。

請看里爾克最輝煌的作品是如何寫作出來的：「不和任何人見面，除了對自己的內心說話之外，絕對不開口——這的確是我的誓言。」

所謂「對自己的內心說話」，就是寫詩，換一種說法，寫詩就是詩人與自己談話的一種方式。

在同自己談話的過程中，詩人把自己在生命衝突中經驗到的種種圖像，精確地呈現出來，從而讓我們看到了生存的陷阱、靈魂的鋸齒、信念的血痕以及萬物的疼痛。

詩人的聲音必然是可靠的、真實的，摒除了所有虛偽、怯懦、狂妄和矯揉造作。世界上最感人的作品往往是作者的內心獨

白，比如里爾克的《杜伊諾哀歌》、卡夫卡的《城堡》和《變形記》、普魯斯特的《追憶逝水年華》、西蒙娜‧薇依的書簡等。

發現自己，既是一種能力和智慧，又是一種德行，一種高貴的人格境界，更是認識自我，發揮潛能的能力。

10.改變自己的缺點

對任何事都不用心、對所說的事都不明瞭、懵懂無知與偏見、優柔寡斷、不專心、懶散、高傲、自卑感、依賴心、沒有彈性、失敗主義、精神不安、遲鈍、不認真、不負責、狡猾、恐懼、健忘、不成熟、內向、急躁、無情、缺乏理智、無能、不和氣、自我本位主義……。

上述所講的是我們常有的缺點，無論在任何地方，假使我們只看到我們自己的缺點，那麼我們的價值就變小了，我們就簡直像生活在地獄裡。如果我們對自身的缺點做一番合適的調整，極可能使它成為我們的優點。

關鍵是不要犯下「蔑視自己」的最大缺點，「蔑視自己」就是貶低自己的身價。假設A君在報紙上看到徵求員工的廣告，那廣告中刊登的正是他夢寐以求的職位，但他的想法卻是：「那種工作並不適合我，再爭取也是沒有用的。」最後只能眼睜睜地看著機會逝去。B君一直想和某位女性交往，但他始終遲疑著不敢打電話給對方，還認為自己配不上她，因此失去了結交自己心儀女性的機會。

一般人都把「你要了解你自己本身」解釋為「你要了解你自己的消極面」。的確如此，我們必須了解自己做不到的事情，這並不是光指不好的事情，因為唯有如此，我們才能夠明白自己應

該要改善的地方。

高傲如果能好好地運用，它也可以成為我們自信的來源。至於高傲和自信的區別，在於自信是我們自覺有把事情處理好的能力，但是高傲則是用來表現自己極愛自己的一種方式——像這類心理往往都是不正常的。

依賴心如果運用得當，可使自己覺得需要他人的幫助，同時也知道自己有幫助他人的必要，像這種能變成大家互相幫助的習慣，也是極好的一件事情。

狡猾，也並非不能轉化成為一個人的優點，如避免講出不好的批評，而讓對方自己去想，這就是「善意的謊言」，如果能好好運用這種技巧，在日常生活中，往往可以避免一些糟糕的情況發生。

不夠含蓄本來是一種缺點，卻也可以轉變成為一種自動自發的寬大和同情。如果時常讓此種衝動來支配自己，就是一種缺點，然而，率直的個性不失為一種美德。

急躁本非好事，但如果在需要改變，或想要克服困難時加以發揮，反而會使你遙遙領先，總比遲疑不決要好。

猶豫這種個性對任何人來說都是一種缺點，假使為了顧全大局，而能夠不斷地檢討自己，就能避免一時衝動、行事魯莽的後果。這不也是一種可貴的優點嗎？

內向也可以算是一種優點。本來，過於內向、害羞，是一種明顯的缺點，但是具有這種個性的人，他們往往都會表現得比常人還客氣、謙虛，缺點就變成了優點。

如上所述，我們都可以把缺點轉變為優點，為了有此能耐，你必須要先對自己有相當程度的了解，這點是非常重要的。

11.超越自我

提妲‧坎布蘭是在田納西州東部山區長大的女孩。由於山區設施簡陋,唯一的一所學校只有一個教室,她便在那個教室從1年級念到8年級,8年級還重讀了一次,因為山上沒有中學可讀。畢業後,她在一家教會學校當廚師,可是她仍然念念不忘要再回學校念書。

事隔多年,她結了婚,生了3個小孩,同時要兼顧一個家和廚師的工作,那時她已32歲,然而,她終於回到高中念書了。她念了5年才畢業,接著又去上大學,拿到一個幼兒教育的學位。

提妲一直有個心願,希望山區的孩子可以不必重複她當年無書可讀的困境。她希望為孩子們設立一個課程,可是當時她既沒有經費,也沒有教室。於是提妲自願抽出一部分時間,在空曠的野地上教孩子念書。

另外,她開始籌募基金,後來成立了一個兒童發展中心,該中心在一個失業率高達26%的地區雇用了600多名員工,受惠的不僅僅是兒童。

由於她出色的興學成就,提妲後來榮獲傑弗遜獎章。她前往華盛頓接受表彰時致辭:「每個人都有某些長處,我做得到的事,你也做得到。」

你有什麼感觸呢?每個人的境遇都不一樣,但是面對境遇所做的事將決定個人成就的高低。

「失敗者任其失敗,成功者創造成功」,勝利者是傾向行動的人。他們將自己視為世界舞台上的演員,而非被動地被他人行動牽制的受害者。

即使失敗了,勝利者也寧願選擇一種有聲有色的方式失敗。

如果無法避免失敗，就轟轟烈烈的大幹一場。那是成功者的處事方法。

為了自我突破，我們必須發自內心的先愛你自己，才能將愛散播給別人。自我的價值觀，決定你所表現的特質。你的表現僅僅反映了一部分，實不足以衡量你的內在價值。你愈不想引人注目，就愈使人印象深刻。

你向世人所呈現的，正是你內在的感受。

課後分析：

◆你不必總想和別人一樣，就做你自己。

◆個人潛能的發揮主要是依賴於一個人的專長。

◆人貴有自知之明。

◆我們每個人的潛能都是無窮無盡的，然而，能發揮多少，就全看我們對自我是怎麼看待的。

◆成功者在精神上有一種堅強的成功感，他們常常在潛意識裡形成了成功者的形象。

◆我們對自己的認識、對自己的定位以及我們將要實現的目標，決定著我們在這個世界上的獨特的位置，決定著我們潛能的發揮程度。

第二課
培養積極的心態

Potencecy Exploit

　　潛能擁有無限力量，如果能和其接觸，就可得到無限力量的供給。

　　保持樂觀進取的態度，是激發潛能、取得成功的關鍵。

　　積極心態能使一個懦夫變成英雄，從心志柔弱變成意志堅強，由軟弱、消極、優柔寡斷的人變成積極的人。

　　偉人之所以偉大，是因為他們心態更積極。

第二課

培養積極的心態

🌿 1.心態決定人生

態度就像磁鐵，不論我們的思想是正面或負面，我們都受到它的牽引。好的態度得到好的結果，不好的態度得到不好的結果。

全美國最受尊崇的心理學家威廉·詹姆斯曾說：「我們這個時代成就了一個最偉大的發現：人類可以藉著改變他們的態度，進而改變自己的人生！」

一位哲學家說：「兩個人從同樣的柵欄往外看：一人見到污泥，而另一人卻見到星星。」火可以使牛油軟化，雞蛋變硬，成功者與失敗者之間最大的差別，就在他們用不同的態度來面對人生的難題。

哈佛大學在幾年前做過一個研究，證實了這個論點。研究結果發現，態度比聰明才智、教育、特殊才能、機遇更重要。研究人員總結：人生中85％的成功都歸於態度，15％則在能力。雖然，要將這些特徵以準確的百分比列出來是很困難的，不過，那些研究人類行為的專家都認為：一切成功的起點，是培養一個好的生活態度。

我們無法改變人生，但可以改變人生觀。我們無法改變環境，但可以改變心態。我們無法調整環境來完全適應自己的生

活，但可以調整態度來適應一切的環境。

有位太太請了一個油漆匠到家裡粉刷牆壁。

油漆匠一走進門，看到她的丈夫雙目失明，頓時露出憐憫的眼神。但是男主人表現得十分開朗樂觀，所以油漆匠在那裡工作的幾天，他們談得很投機，油漆匠也從未提起男主人的缺憾。

工作完畢，油漆匠取出帳單，那位太太發現比談妥的價錢打了一個很大的折扣。她問油漆匠：「怎麼少算這麼多呢？」

他回答說：「我跟你先生在一起覺得很快樂，他對人生的態度，使我覺得自己的境況還不算最壞。所以減去的那一部分，就算我對他表示的一點謝意，因為他使我不會把工作看得太苦！」

油漆匠對她丈夫的推崇，使她淌下了眼淚，因為這位慷慨的油漆匠，其實只有一隻手！

同樣的狀況，就看自己如何去思考，如何去面對。

兩個賣鞋的人到非洲開發新市場。

抵達3天後，第一個業務員發了一封電報回去：「下班飛機返國。沒法子賣鞋，這兒人人光腳。」但是第二位業務員兩週內什麼也沒說。後來公司接到第二位業務員的航空信：「成交50個合約。有無數的客戶，這兒沒有人穿鞋。」

你不能決定生命的長度，但你可以控制它的寬度。你不能左右天氣，但你可以改變心情。你不能改變容貌，但你可以展現笑容。你不能控制他人，但你可以掌控自己。你不能預知明天，但你可以利用今天。你不能樣樣順利，但你可以事事盡力。

「哎，像我這樣的人，肯定是一無所成。」

「哎，別胡思亂想了，我們公司最有前途的人就是那些既年輕又有學歷的人。」

「哎，像我這樣的人還能抓住什麼機會？壓力如此之大，還

是隨波逐流吧！」

就是由於這些諸如此類的思想限制了人類的潛能。事實上，上天對每個人都給予了無窮無盡的機會去展示自己的才華，關鍵在於我們怎樣去做。

🐝 2.選擇積極的生活

願不願意積極生活，是個人的選擇。

一旦做了積極的決定，即意味著日常生活中，俯拾都是機會。每一次經驗都是全新的開始，可用不同的想法和感覺去體會。面對生活中源源不絕的挑戰，在取得主動的地位後，便能鎮定自若地調兵遣將，決定應付的方式和態度。

你是你自己的指揮官，沒有任何人能命令，或以他的意志驅使你。一切主動權皆操之在你。

那些擁有積極心態的人，是積極主動的，他們不僅有選擇、拒絕的能力，而且能夠擔負自己的責任，塑造自己的未來，發揮人性的光輝潛能，也只有這種人才能成為愛因斯坦、摩根、洛克斐勒等成大事者。

而那些具有消極心態的人則是被動消極的，他們的一生碌碌無為，受消極潛意識和本能的盲目驅使，成為一個機械的而非積極主動的人，注定將一無所成。

積極的態度也會改進對自己的認識和評價。慢慢地，你會愈來愈喜歡自己，並且逐漸清楚自己的目標，學會安排眼前的生活。一旦進入這樣的境界，便能獲得無限的平靜與成就感。

跨過這些階段後，所處的環境和人際關係將呈現另一番風貌——這是因為關注這些事的心態已經不同。從此之後，在對自己

和其他人的交往上，由於不再懷抱特定的想法，也不再期待他人的回報，彼此間的互動關係將更為自然。

🐝 3.恐懼是發揮潛能的頭號敵人

如果你以積極心態發揮你的思想，並且相信成功是你的權利的話，你的信心就會使你成就所有你所制訂的明確目標。但是如果你接受了消極心態，並且滿腦子想的都是恐懼和挫折的話，那麼你所得到的也都只是恐懼和失敗而已。

恐懼多半是心理作用，但是它確實存在，並且是發揮潛能的頭號敵人。行動可以治癒恐懼、猶豫，拖延則只會助長恐懼。

當你感到恐懼的時候，朋友們常會善意地對你說：「不要擔心，那只是你的幻想，沒有什麼可怕的。」這種安慰可能會暫時解除你的恐懼，但並不能真正地幫你建立信心，消除恐懼。

即使在公司裡長期擔任基層職員，也不能這樣想：「反正我一輩子注定就是基層職員。」因為這種習慣性的思想，會在心靈深處播下壞種子，所以，應該脫離這種習慣性的壞思想，而去夢想著將來自己也可以擔任董事長。

過去一直在人際關係上不得意的人，也應該除去「反正我都是不順利的」壞想法，而想著「凡事我一定都是順利的」。

積極的心態這一看不見的法寶會產生驚人的力量：它能讓你獲得財富，擁有幸福，健康長壽。可以使你達到人生的頂峰，並且逗留於此，盡享人生的快樂與美好。

一個年輕的推銷員有了一些銷售經驗之後，就定了一個特殊的目標——獲獎。要想做到這一點，他至少要在一週內達成100次的銷售。

　　到那一週星期五的晚上，他已經成功地銷售了80次，離目標還差20次。這位年輕人痛下決心：什麼也不能阻止他達到目標。但他那一組的另一位銷售員早在星期五就結束了一週的工作，他卻在星期六的早晨又回到了工作崗位。

　　到了下午3點鐘，他還沒有做成一次買賣。但是他知道：交易可能發生在銷售員的態度上——不在銷售員的希望上。

　　這時，他記起了他的自勵的話，並熱情地把它重複5次：我覺得健康？我覺得愉快？我覺得大有作為？

　　大約在那天下午5點鐘，他完成了3次交易。這距離他的目標只差了17次了。突然，有句話縈繞在他的腦海中：成功是由那些肯努力的人所取得的，並為那些積極而不斷努力的人所保持的。於是他又熱情地再重複幾次：我覺得健康？我覺得愉快？我覺得大有作為？

　　大約在那天夜裡11點鐘時，他疲倦了，但他是愉快的：因為他的堅持，他終於完成了20次交易！他達到了他的目標，贏得了獎品，並學到一個道理：積極的心態能把失敗轉變為成功。

🐝 4. 積極心態的真義

　　保持樂觀進取的態度，是激發潛能、取得成功的關鍵。

　　「好事」也可以說是「壞事」，「幸事」也可以說是「倒楣事」。我們到底如何看待，一般都取決於個人習慣和心態。你對現實抱持什麼樣的觀念，就會給你的思考方式和行為舉止塗上什麼色彩。

　　積極心態是一種對任何人、情況或環境所持的正確、誠懇而且具有建設性，同時也不違背人類權利的思想、行為或反應。積

極心態允許你擴展你的希望，並克服所有消極心態。它給你實現你欲望的精神力量、感情和信心，積極心態是當你面對任何挑戰時應該具備的「我能……而且我會……」的心態。積極心態是邁向成功的不可或缺的要素，積極心態是成功理論中最重要的一項原則，你可以將這一原則運用到你所做的任何工作上。

如果你認定了什麼事都很糟，你就有可能不知不覺地給自己造成不愉快的環境。一旦你覺得厄運即將臨頭，你就會做出一些產生消極作用的事，使你的預言真的應驗。

如果你把內心的思想和言談都引導到奮發上進的念頭上去，你就會打開一條積極的思路。於是，你的行動也變得積極起來。

因此在看待事物時，應考慮生活中既有好的一面，也有壞的一面，但強調好的方面，就會產生良好的願望與結果。

積極心態是使你的大腦邁向成功的先決條件。實際上，從你現在的思維模式便能預測你將來成功與否。

「成功」並不僅指純粹的成果，它還指比這更難做到的功業，即如何使你的生活過得更有意義，更有效率。面對困難，你能自我控制，有條不紊，不認為那是不可解決的難題，而是能提出解決之道，那麼，你的心態是積極的，你就是成功的。

假如你每天去上班都得越過一個水塘，這個水塘有些地方結冰很厚，在上面走路很安全，而另外一些地方的冰很薄，稍微不小心就會掉進冰冷的水中。

消極失敗者無論什麼時候，總是集中精力考慮如何避免失敗，而不是考慮如何越過這個水塘。他們戰戰兢兢、小心翼翼地往前走。每走一步都仔細試探冰面厚薄，輕輕地落下腳步，弄清楚冰面確實穩固之後再踩下去。然後，猶豫地再前進一步。這樣一步步地走，不惜一切代價地避免失敗。他們一刻不停地擔心自

己會犯錯，深怕自己會掉到冰水裡面。如果不慎掉進水中就痛罵自己的不小心。

至於心態積極的成功者在沒到水塘之前，則會先研究有關冰層的問題，與一些遇到過類似情況有經驗的人討論，並詳讀所有關於這問題的資料。一旦真正開始過水塘的時候，就集中精力考慮要解決的問題，該如何走過去，而不是幻想掉進冰水的可能性。因為失敗的可能性非常之大，他們會穿上一套不怕落水的衣服。他們不為掉進水裡擔憂，心裡肯定自己隨時可能落水，因為在生活當中不管走到哪裡都有冰層很薄的地方。他們不停地走，若真的掉到冰水裡的時候，就趕快爬上來，接著往前走，絕不動搖。

成功者不管面臨著什麼樣的水塘，總是著眼於他的最終目的。他努力於應付挑戰和克服困難，以便達到他的目標。

如果成功者做了一個輕率的決定或者估計錯了形勢，他就這樣來使自己定下心來：「我盡了自己最大的力量了。」

然後，他做一些有建設性的事情，很快又行動起來去追求他的目標。

他知道兩點之間的直線是最短的距離，所以一心一意考慮如何盡可能直接和盡快地到達目的地。他努力不去浪費精力和氣力。不管什麼時候，只要有可能，他就尋找捷徑和節省時間的辦法。

如果你也對積極心態的力量抱持一種否定與排斥的想法，那說明一點，你並不完全真正了解積極心態力量的本質。一個具有積極心態的人並不會否認消極因素的存在，他只是不讓自己沉溺其中。

積極心態要求你在生活中的一時一事中學會積極思考，積極

思考是一種思維模式，它使我們在面臨惡劣的情形時仍能尋求最好的、最有利的結果。換句話說，在追求某種目標時，即使舉步維艱，仍有所指望。

事實也證明，當你往好的一面看時，你便有可能獲得成功。積極思想是一種深思熟慮的過程，也是一種主觀的選擇。

✿ 5.內疚自責無濟於事

積極心態具有改變人生的力量，雖然人人皆可達成，但有些奇怪的心理障礙會導致積極思想的無效。一個人若是不斷地懷疑、質問，活在自憐的情緒中安慰自己，總是比較容易的。一旦我們了解正是這種不健康的心理因素作崇時，積極思想便開始發揮它的作用。

我們因為做錯了事而感到內疚，便希望被人懲罰。人性通常如此。懲罰完全沒有必要，過去的已經過去，內疚自責完全沒有必要。

兩位年長女性在同一星期內去世。

在第一個家庭，死者兒子說：「我覺得母親過世是我的錯。我應該堅持送她去醫院，才不致延誤病情。如果我堅持的話，她今天一定還活著。」

另一家的兒子說：「我覺得母親去世是我的錯，要是我沒有堅持送她去醫院就好了。一連串的檢查、治療，環境又無法適應，她吃不消。」

許多人常不知不覺地陷入內疚的情緒當中，有的內疚當年對先生不夠好，所以先生病倒。有的內疚太專注於工作，以致疏於照料孩子。也有的內疚當年沒聽父母的話，導致……

世界上有太多的人集中注意力於過去的事，他們對已做或已說過的事感到頹喪或懊惱，使「現在」完全被對過去行為的感覺所霸佔。

心理學家羅伊‧鮑斯特的研究發現，一般人每天自責的時間總計約為兩小時，其中39分鐘是中度至嚴重愧疚。

為什麼這麼多人會陷入內疚的泥沼裡？多半是因為，如果你不感覺內疚，就會被人家認為你很「壞」、不近人情，這均與「在乎」有關。若你真的在乎某人或某事，你就應該為你所做不得宜的事感到內疚。這就好像在乞丐的缽中投入一元，好為自己贖回十元的罪孽。以內疚來彌補過去的錯誤，換取良心的平安。

內疚是在浪費你的情緒精力，也是在浪費生命。為什麼？因為內疚不只是關乎過去，而因過去的事影響現在，更重要的是，任何內疚均不能改變既成的事實。

過去的事已經過去，過去的無法挽回。不要感傷凋落的花，不要緬懷過去，要想一想現在該做什麼，應朝向希望前進，以新的想法面對挑戰。

從過去的錯誤中學到教訓，而且絕不重蹈覆轍是一種反省，是健全而必要的成長歷程。內疚是不健康的，因為你毫無意義地把現在的精力耗在對以前的事感到悔恨、不安以及沮喪上，這是沒有用的。

記住，為去年的收穫澆水是一無所獲的。無論你對過去感到如何慚愧，內疚本身將不會改變任何事物。過去的事情已經過去，我們應該吸取過去的經驗教訓，以修正自己的行為方式。

🐝 6.積極心態的修練

　　有時候，積極思想之所以無效，最重要的理由之一是我們沒有去執行。積極思想需要不斷訓練、學習及持之以恆。你必須樂意、主動地去實行，有時候要經過一段時間才能見到成效。

　　我們總是在意想不到的時候產生出不愉快的想法，所以重要的是，不但要學會如何排除掉不愉快的想法，還要學會如何將騰空了的地方放上健康而積極的念頭和想法。

　　湯姆剛疲累地做完了一天的工作，回到家裡沖了一個冷水澡。熱水沖在身上，使他感到非常舒服。

　　正在怡然自得的時候，他突然想起了昨天和經理吵架的事情，一下子，滿腦子都充滿了不愉快的回憶。

　　但是，湯姆此時正痛快地在淋浴，不可能在此時此刻解決與經理發生爭執的那個問題。

　　那麼，看看他此刻是怎麼做的吧！

　　湯姆拿出自己的「情緒吸塵器」，將有關和經理的種種統統排除掉。他知道，此刻根本解決不了跟經理爭執的事情，但是能夠把澡洗得痛痛快快。其實，你也可以這樣做，一旦你在這種做法中嘗到甜頭，頭腦裡浮現出的愉快景象就會使你覺得舒暢多了。

　　假如不久後你又想起了那些洩氣的事，趕緊再做一次，再去想想一些美好的事物。不論你有多少次覺得需要使用「情緒吸塵器」去打掃，你就去用吧！只要你一不自覺地想起那些洩氣的事，就必須有意識地行動起來，把那些不好的念頭趕跑！

　　班‧霍特是一名非常出色的高爾夫球選手，他自稱去球場練球是「訓練肌肉記憶力」。當他上場時，他總是重複練習同一個

動作，直到他的肌肉能「記住」動作的規律為止。我們的思考習慣也是如此，我們必須重複訓練思維習慣，直到當我們遇到麻煩時，思維就能有如我們所希望的那樣做出反應為止。也就是說，我們的大腦必須被訓練成積極思考的模式。

不管何時，只要你的腦子裡出現洩氣的想法和問題，就要即刻採取措施，只有你自己才能控制你的頭腦。要用「情緒吸塵器」把它們趕走，空出地方來放置即將到來的歡樂時光和成功勝利。

亞伯拉罕‧林肯曾說：「人下定決心想要愉快到什麼程度，大致上他也就能感覺愉快到什麼程度。你能夠決定自己的頭腦中要去想些什麼，你能控制自己的思想。」

積極的思想只有在你相信它的情況下才會發生效用，而且你必須將信心與思考過程結合起來。很多人發現積極思考無效，原因之一便是他們的信心不夠。因為小小的懷疑和猶豫，不停地向它潑冷水。因為他們不敢完全相信：一旦你對它有信心，便會產生驚人的效果。

不要再談論和回味那些消極、洩氣的事情了，有什麼用呢？沒有！其所產生的作用只不過是帶來更多的消極因素，產生更多的洩氣念頭，出現更多憂心忡忡的煩惱。若你的腦中出現了消極因素，就必須清除乾淨，這樣一來，你才能開始著手盤算如何愉快起來，才能有時間覺得痛快。

要談論歡樂的時刻，鼓舞未來的計畫，為自己以往的回憶和現在體驗到的積極因素感到高興，於是，隨著這些積極的話語便會產生出積極的行動和情緒。

🐝 **7. 積極心態的力量**

如果你真的養成了自己的積極心態，你就會發現，在世界上所有的人和事物中，對你來講最重要的人只有一個，那就是你自己。

積極的心態是一種正確的心態，具有積極心態的人，總是懷著較高的目標，不斷地奮鬥。

最好的囚犯

查理‧華德出身貧寒，他在就讀小學時，曾經在西雅圖濱水區靠著賣報紙和擦皮鞋來貼補家用。17歲高中畢業後，他就離開家，過著居無定所的生活。

他賭博、鬥毆，與一些「社會邊緣人」為伍。逃亡者、走私犯、竊盜犯等等一類人都成了他的同伴。他參加了墨本哥潘穹‧維拉的武力組織。他時常在賭博中贏得大量金錢，然後又輸得精光；最後，他因走私麻藥而被捕，並判了刑。

查理‧華德進入萊汶沃斯監獄時遭到了不少的折磨，因為在入獄前，他曾公開聲言任何監獄都無法永遠關住他，他將尋找機會越獄。

但此時發生了一個轉變，這一轉變使查理把消極的心態改變為積極的心態。在他的內心中，有個聲音在叮嚀著他：要停止敵對行動，變成這所監獄中最好的囚犯。

從那一刻起，他整個人生的生命浪潮都流向對他最有利的方向。查理‧華德的思想從消極轉變為積極，使他開始掌握自己的命運了。

他改變了自己好鬥的性格，也不再憎恨給他判刑的法官。他

決心避免將來重犯這種罪惡。他環視四周，尋找各種方法，以便他在獄中能儘可能地過得愉快些。

他的行為由於態度的轉變而有所不同，因而博取了獄吏的好感。有一天，一位刑事書記告訴他，一個原先在電力廠工作的受優待的囚犯要獲釋。查理‧華德對電學了解不多，但監獄圖書館中藏有許多有關電學的書籍，他就借閱了一些。在那位懂得電學的囚犯的幫助下，查理掌握了這門知識。

不久，查理申請在獄中工作，他的舉止態度和言談語調，都給監獄長留下了深刻的印象。從這個故事可以看出，積極的心態所帶來的熱切和誠懇，使他得到了工作。

查理‧華德繼續用積極的心態從事學習和工作，他因此成為監獄電力場的主管，領導著150個人。他鼓勵他們每一個人把自己的境遇改善到最佳的地步。

布朗比基羅公司經理比基羅因被控告犯了逃稅罪，進入了萊汶沃斯監獄，查理‧華德對他很友好，比基羅先生十分感謝查理的友誼和幫助，他在刑期將滿時告訴查理‧華德：「你對我十分親切。你出獄時，請到聖保羅市來，我將為你安排工作。」

查理出獄後，就來到聖保羅市，比基羅先生如約給他安排了工作，比基羅先生逝世後，查理‧華德成了公司的董事長，他擔任這個職務直到逝世為止。在查理的管理下，布朗比基羅公司每年的銷售額由不足300萬美元攀升到5,000萬美元以上，成為同類公司中的佼佼者。

查理由於懷有積極的心態，樂意幫助這些不幸的人，如此一來，他本人就得到了心靈的平靜、幸福、熱愛和生命中有價值的東西。

查理‧華德曾經被判刑入獄，如果他繼續往他原有的人生軌

跡前進，誰知道他會變成什麼人？他在獄中學會了用積極的心態去解決他個人的問題，最終將他的世界改造成為適合生活的更美好的世界，使他自己變成為更有益、更善良的人。

這就是所謂「積極心態的力量」，它所憑藉的是堅強的意志，以及拒絕被打敗的信念，也就是說，盡你一生所有的勇氣去面對人生。

與病魔搏鬥的男孩

你究竟要做一位英雄還是一位懦夫？你是個意志堅強的人，還是個意志薄弱的人呢？一個具有積極心態的人絕不是一個懦夫。他相信自己、相信生命、相信人類。他了解自己的能力，一點也不畏懼，能永遠立於不敗之地。他會從所發生的一切事情中掌握對自己最有利的結果。他所堅持的原則是，不斷地將弱點轉變成自己的力量。

積極能使一個懦夫成為英雄，從心志柔弱變為意志堅強，由軟弱、消極、優柔寡斷的人變成積極的人。

在紐約附近有一個小鎮，鎮上有一位名叫吉姆的男孩，他十分可愛，也是一位真正意志堅強的人。他是天生頂尖的運動好手，不過在他剛入中學不久，腿就瘸了，並迅速惡化為癌症。醫生告訴他必須動手術，他的一條腿就被切除了。出院後，他拄著拐杖返回學校，高興地告訴朋友們，說他將會安上一條木頭義肢：「到時候，我就可以用圖釘將襪子釘在腿上了，你們誰都做不到！」

足球賽季一開始，吉姆立刻去找教練，問他是否可以擔任球隊的管理員。在練球的幾週中，他每天都帶著教練訓練攻守的沙盤準時到球場。他的勇氣和毅力迅速感染了全體隊員。有一天下

午他沒來參加訓練，教練非常著急，後來才知道他又去醫院做檢查了，並得知吉姆的病情惡化，癌細胞已轉移到肺部。醫生說：「吉姆只剩下六週左右的生命。」

吉姆的父母決定不要將此事告訴他，他們希望吉姆在生命的最後階段，能盡量讓他過正常的生活，所以，吉姆又回到了球場上，帶著滿臉的笑容觀看其他隊員練球，為其他隊員加油。或許是因為他的鼓勵，球隊在整個賽季中保持了全勝的紀錄，為了慶祝勝利，他們決定舉行慶功宴，還準備了一顆有全體球員簽名的足球送給吉姆，但是慶祝會並沒有完滿落幕，吉姆因為身體太過虛弱而沒能來參加。

幾週後，吉姆又回到球場上，這次他是來看球賽的。他的臉色十分蒼白，除此之外，仍是老樣子，滿臉笑容，和朋友們有說有笑的。比賽結束後，他到教練辦公室，足球隊所有的隊員都在那裡。

教練還輕聲責問他：「你昨天為什麼沒有來參加餐會？」

「教練，你不知道我正在節食嗎？」他的笑容掩蓋了他臉上的蒼白。

其中一位隊員拿來要送他的勝利足球，說：「吉姆，都是因為你，我們才能獲得冠軍！」

吉姆含著眼淚，輕聲向大家道謝。教練、吉姆和其他隊員談到了下個賽季的計畫，然後大家互相道別。

吉姆走到門口，以堅定冷靜的目光回頭看向教練，說：「再見！教練！」

「你的意思是，我們明天見，對不對？」教練問。

吉姆的眼睛頓時亮了起來，堅定的目光化為一種微笑。「別替我擔心，教練！我沒事！」

說完話，他便離開了。

兩天後，吉姆離開了人世。

原來吉姆早就預料到自己的死期，但他卻能坦然接受。他是一位意志堅強、積極思考的人。他將悲慘的事實轉化為富有創意的生活體驗。

或許，有人會說他還是死了，即使具有積極思想，最終也不能幫他多少忙，但這並不完全正確。至少吉姆知道憑藉信仰的力量，在最壞的環境中創造出令人振奮而溫暖的感覺。

他完全接受了命運，但決定不讓自己被病痛擊倒，他從未被擊倒過。雖然他的生命如此短暫，他仍把握它，把勇氣、信仰與歡笑永遠留存在他所認識的人們心中。一位能做到這一點的人，你還能說他的一生是失敗的嗎？

積極心態真的有效，只要你願意耕耘、培植它，它就能發揮力量，但是培植它並不容易，它需要艱苦的工作和堅強的信仰，它讓你誠實地生活，擁有想成功的欲望。同時，運用積極思想時，你必須堅持才能成功。

8.絆腳石變成墊腳石

壓力與挫折，是考驗個人智慧的終身課題，每個人都必須找到屬於自己的排解方式，既不能逃避現實，也不能總是躲在角落中自怨自艾。羅曼·羅蘭的一句話：「人生就是戰鬥」，僅此寥寥數字，曾經伴隨他經歷不少艱辛歲月，越過不少坎坷道路。

在《戰地春夢》這本有關第一次世界大戰的著名小說裡，海明威說：「世界擊倒每一個人之後，許多人在心碎之處學會堅強。」

俄國學者和詩人羅蒙諾索夫，原是位捕魚青年，求學時一個拉丁字也不認識，被人譏笑為「大傻瓜」，連老師也叫他坐到最後一排，故意羞辱他。正是這種處境激勵了羅蒙諾索夫，使他後來成為一位大學者，並成為世界歷史上第一位創立大學的人，被譽為「俄國科學的始祖」。

眾所周知的日本松下電器創始人松下幸之助，是一位只唸了4年書、一貧如洗、體質虛弱的窮孩子。這位飽嚐人間辛酸的少年，他並不憤世嫉俗、從不氣餒，在人生的「大學」裡如海綿一般地吸收著知識，從而建立了他的「松下哲學」。

在24歲那年，他終於把握住創業的機會，用他僅有的100日元創辦了「電器公司」。憑藉他執著的信念、誠實的品格、縝密的經營方略，終於獲得成功，建立了130個廠房，成就了龐大的「松下帝國」。

松下幸之助的成功，恰是得益於他那段含辛茹苦的少年經歷。從這個意義上說，挫折和逆境往往會讓人創造出重新崛起的機遇。

記住柏拉圖的話：「人類沒有一件事是值得煩惱的。當你克服一次挫折之後，你便提升了一次自我。」

富蘭克林曾說：「令人受傷的事會教育我們。」

常有人說，人們在痛苦之後得到的那些教訓，才是最有價值的教訓。沒有巨石擋道，怎能激起燦爛的浪花？因此，無論我們遭遇到何種身體或情緒的創痛，最要緊的就是在創痛中尋找某些意義。

創痛教導我們某些事情，但我們必須樂意從中學習。如此，我們才能從中領悟，使人生得以更上一層樓。

創痛幫助我們克服困難，發現自身的力量，幫助我們踏上成

功的彼岸。

有些人似乎天生就會運用失敗與挫折的創痛，做為成功的原動力；而另一些人則必須學習使用這種動力。只要是人，總是能夠學會發展積極心態的。

積極的行動會導致積極的思維，而積極的思維會導致積極的人生心態。人的心態在很大的程度上決定自己人生的成敗。

在美國西部的淘金熱潮中，李維‧史特勞斯抱著淘金發財的希望來到了舊金山。當他看到那裡已經聚集了成千上萬尋找金礦的人們後，他改變了自己的初衷，沒有加入淘金的行列，反而是開了一家販售日用品的小商店。

有一次，他乘船去擴大業務，帶了一些線團之類的小商品和一批淘金者搭帳篷用的帆布，小商品很快就在船上賣完了，但帆布卻因為淘金者不需要，而遲遲賣不出去。就在懊喪之際，李維聽到很多淘金者抱怨：「褲子不經磨，沒穿幾天就磨破了。」他靈機一動，立即找到一家裁縫店，用自己的帆布做成幾條褲子，賣給了淘金者，因此將褲子銷售一空，並且接到了大量訂單。

此後，他專門從事牛仔褲的生產與銷售，並成立了李維‧史特勞斯牛仔褲銷售公司，設立了專門的服裝廠，大量生產牛仔褲，專門以淘金者和西部牛仔為銷售對象。由於這種緊身耐磨、看上去很瀟灑的帆布褲迎合了淘金者的需求，銷路便不斷擴大。

李維取得了初步的成功，但他並不滿足，而是繼續努力地拓展自己的事業，他根據礦工們的工作特點，不斷改進褲子的布料和樣式，以迎合人們的需求，直到他找到一種以法國卡其布製成的、既堅固耐磨又美觀大方的褲子為止。

與此同時，他還十分注重褲子的實用性，並考慮到礦工們經常把礦石樣品放進褲袋內，因此將褲袋的縫線加固，甚至在縫製

臀部的褲袋時改進製作方式，而以金屬釘釘牢，釦子則用銅、鋅、合金材料，並在重要的部分用皮革鑲嵌，形成了牛仔褲的特有樣式。對象從礦工發展到年輕人，而後打入社會各階層。此後，李維公司根據人們消費文化的改變，不斷推出新樣式，做到耐穿、便宜、合身。

李維‧史特勞斯服裝公司在12個國家設廠，在許多國家和地區都設有銷售網，如今已經是年銷售額達20億美元的大型企業。

9.清除思想垃圾

清點一下你思想中的垃圾吧：

①沒有目標，缺乏動力，生活渾渾噩噩，猶如大海漂舟。

②缺乏恆心，不曉自律，懶散不振，時時替自己製造藉口來逃避責任。

③心存僥倖，幻想發財，不願付出，只求不勞而獲。

④固執己見，不能容人，沒有信譽，社會關係不佳。

⑤自卑懦弱，自我退縮，不敢相信自己的潛能，不肯相信自己的智慧。

⑥揮霍無度，或吝嗇貪婪，對金錢沒有中肯的看法。

千萬別小看這區區6種思想垃圾，它會限制你的潛能，將你的生活、事業搞得一塌糊塗。

不但如此，消極心態會使人看不到將來的希望，進而激發不出動力，甚至會摧毀人們的信心，使希望泯滅。

消極心態就像一劑慢性毒藥，吃了這副藥的人會慢慢地變得意志消沉，失去任何動力，而成功就會離運用消極心態的人愈來愈遠。

消極心態者不但想到外部世界最壞的一面，而且想到自己最壞的一面，他們不敢企求，所以往往收穫更少，遇到一個新觀念，他們的反應往往是：

「這是行不通的。」

「從前沒有這麼做過。」

「現在這條件還不成熟。」

「這並非我們的責任。」

我們必須經常讓自己處在朝氣蓬勃而富有創造力的心態之中，唯有處在決心要發揮潛能的心態，你才會真正的發揮潛能。

如果你希望在工作上有很好的表現，希望能力更能充分展現，那就得看你當時所處的心態，如果是處在極佳的心態，哪怕是平常不認為自己有多大能力的人，那時的表現也可能會令大家都瞪大了眼睛。

那些記單字有困難的人不是他們的記憶力不好。事實上，他們記字會有困難，一來是他們的注意力不集中，二來是他們的心智和情緒心態不穩。這種人每次當他們看過一些字之後沒多久便忘了，雖然這種現象並非每次如此，只不過經常會這樣就是了。

所羅門國王據說是歷史上最明智的統治者，在《聖經》中，所羅門王說：「他的心怎樣思量，他的為人就是怎樣。」

沒錯，造成人與人之間成功與失敗的巨大反差，心態產生了很大的作用。積極的心態是人人可以學到的，以下是一些建議：

①要心懷必勝、積極的想法。

②用美好的感覺、信心和目標去影響別人。

③使你遇到每一個人都感到自己很重要、被需要。

④心存感激。

⑤學會稱讚別人。

⑥學會微笑。

⑦到處尋找最佳新觀念。

⑧放棄雞毛蒜皮的小事。

⑨培養一種奉獻的精神。

所以永遠也不要消極地認為什麼事是不可能的。

換言之，人們相信會有什麼結果，就可能有什麼結果。人不可能取得他自己並不追求的成就。人不相信他能達到的成就，他便不會去爭取。當一個具有消極心態的人對自己不抱很大期望時，對將來總是感到失望，在他們的眼中，玻璃杯永遠不是半滿的，而是半空的，而由此，潛能則永遠也發揮不出來。

潛能發揮的成功與否，關鍵在於我們的心態。心態積極，則就能隨意進入生龍活虎的進取狀態，樂觀應付、充滿把握，全身煥發活力、心智敏銳，從而你就會心想事成。當然，如果你心態頹廢、消極，則會終生見不到潛能大師，從而與成功無緣。

✿ 10.面對慘澹的人生

人生是由失敗及成功交互堆疊而成的，差別只在兩者的次數多寡而已。

大浪淘沙，優勝劣汰，成功總屬於那些備嘗艱辛、異常頑強的人們！芸芸眾生在對成功者頭頂上的光環頂禮膜拜之時，不禁悄悄哀嘆，成功者如同鳳毛麟角，何年何月，成功之神才能對自己格外關照幾分呢？在自艾自憐的消極心態中，他們早已錯過了一次又一次成功的機會。

人人企求一生一帆風順，航海家亦如此。但是航行之中，焉能企盼萬里無雲、波浪不興？每遇風浪，誰不迎風而戰、力挽狂

瀾？見誰望風退卻？原因無他，因為避開暴風雨之後，縱使得以全身而退，風平浪靜後重新啟航，還有無數未可知的凶險橫在眼前。一次次地退讓，何時才能到達目的地？

人生又何嘗不是如此？

失敗並不可恥，可恥的是心態因挫折而退縮。遭受了失敗的打擊，從此一蹶不振，成為讓失敗一次性打垮的懦夫。古來不以成敗論英雄，而以勇敢視豪傑。什麼是勇敢？敢於面對挑戰、克服挫折者就是勇者的表徵。

人生是一次次的經驗累積而成的，請你把失敗當作是一種不凡的經驗，而不是障礙。唯有將它當作是經驗，你才能體會出什麼叫作踏腳石。當我們從低處往上攀爬時，沒有著力點就無從爬起，沒有踏腳石就無處著力，在人生的奮鬥過程中也是如此。

你想拾級而上，就需要自己開路造階，一次次的經驗就是我們的路、我們的階梯。萬一失手，如果順勢向後倒下，你會如何？往下跌個幾級還不打緊，最怕的是滾回原點，你還有力氣再站起來嗎？

如果你能學著向前傾倒，最多不過是雙手撐地，略加思索失敗的原因，就可立刻起身去迎接另一個挑戰。然後再把這次的挫折看作是另一次的經驗，將來就可避免重蹈覆轍，當然可以幫助你智慧地成長。

不要羨慕登頂成功的人，而對自己的屢屢失敗嗟嘆不已，因為全世界最成功的人裡，絕大多數的人就是失敗次數最多的人，能夠一蹴而就者寥寥可數。他們不害怕面對每一次的失敗，而是把它們當作成功之路必經的一個踏腳石、另一次經驗呢！

🌾 11.與往事乾杯

　　把那些舊了或沒有用到的衣物丟棄，或送給舊衣回收中心吧！塞滿家中的舊物品有時和廢物沒有兩樣，多留存一件無用的物品，就是多浪費一點自我的空間。

　　堆積在我們腦中的無用想法何嘗不是？就像洋娃娃腦袋裡的填充物，既然是無用的草包，為什麼不早點丟棄呢？

　　「智慧的藝術，就在於知道什麼可以忽略。」心理學先驅威廉·詹姆斯如是說：「天才永遠知道可以不把什麼放在心上！」

　　旅行時別忘了帶護照、機票、換洗衣物、相機，甚至筆記本，但最重要的是，請一定要「忘了帶」過去的心情、想法、習慣。要空著出走，滿滿地、嶄新地回來。

　　如果你正在歐洲旅行，在前往巴黎的途中，乘船橫渡英吉利海峽，那你將很容易遇到洶湧的海浪。當你抵達法國後，如果還將時間用在詛咒顛簸的航程上，那麼你停留在巴黎享受假期的時間就會愈少。你應該盡快忘了這段不愉快的航程，充分把握眼前的一切。

　　舊的恐懼、舊的束縛，就讓它們去吧！丟棄那些無用的舊衣、雜物和舊創傷。當你每丟棄一件東西，必然會帶來一次新的解放。

　　有一年，理查和一群好友到東非去探險。在那趟旅途中，理查隨身帶了一個厚重的背包，裡面塞滿了食具、衣服、指南針、觀星儀、挖掘工具、切割工具、護理藥品等各種瓶瓶罐罐。

　　有一天，當地擔任嚮導的一位土著在檢視完理查的背包之後，突然問了他一句話：「這些東西會讓你更快樂嗎？」

　　理查當場愣住了，這是他從未想過的問題。理查開始回頭問

自己，結果發現，有許多東西實在不值得為了背負它們，而累壞
了自己。

理查決定將自己的背包重新整理，取出一些不必要的東西送
給當地村民。接下來的行程，因為背包變輕了，旅途也變得更愉
快。

從此以後，他學會在人生各個階段，定期卸下包袱，隨時尋
找減輕負擔的方法，讓自己活得更輕鬆，更自在。

生命的過程就如同一次旅行，如果把每一個階段的「成敗得
失」全都扛在肩上，今後的路還怎麼走？

為你的「舊包袱」舉行一場葬禮，將它埋葬，與過去說再
見，跟往事乾杯！

🌿 **12.**控制你的情緒

這個世界上只有兩種問題，一種是你能解決的問題，而另一
種是你無法解決的問題。

你應立即以最實際的方法，著手解決你能解決的問題。至於
那些你無法解決的問題，你應把它從你的思想中剔除並忘掉它。

不妨把忘掉無法解決的事看成是把使你情緒不穩定的事情關
在門外，自律允許你關上這扇門，當你關上這扇門時，你就是在
運用一個非常有價值的技巧，這個技巧需要誠心，以及堅強的意
志力。反覆這個過程多次，你的意志力就會愈堅強。

關上通往恐懼和擔憂的門，會使你有機會開啟希望和信心之
門。

不要在心中藏有任何消極記憶，而你也不應該把時間浪費在
那些無法解決的事情身上。如果你執意那樣的話，那只會毀掉你

的創造力，破壞你的進取心，干擾你的理性，並且混亂你的所有積極思想。

所有的情緒都是一種心理狀態，也是你能掌控的對象。你可以想像如果不能控制那些消極情緒，會造成多麼大的危險。同樣地，如果你不能有意識地控制那些積極情緒的話，它們也會造成破壞性的結果。

隱藏在這些情緒裡的，是具有爆炸性威力的力量。如果你能適當地控制這股力量，它就可能使你獲得成就。但如果你任由它自由奔放，它就可能把你扔到失敗的深淵之中，使你頭破血流。

你也許會懷疑，熱戀時期的危險是否意味著，若能用理性嚴格控制自己的生活，並且在做任何決定時排除一切情緒因素，是比較安全而且聰明的方法，答案當然是否定的。

那些正在熱戀中的人，他們都願意為所愛的人做任何事，此時他們很容易受到對方的擺布，熱戀中的人很難成就什麼事情，因為他們根本沒有為自己定下什麼目標。

你的情緒會給你帶來推動力，而這股動力，就是使你將決定轉變成具體行動的力量。如果你毀掉了希望和信心，如果你扼殺了熱忱、執著和欲望而僅存在理性時，那理性還會帶來什麼好處呢？你必須控制並導引你的情緒而非摧毀它，情緒就像河流一樣，你可以築一道堤防把它擋起來，並在控制和導引之下排放它，但卻不能永遠抑制它，否則那道堤防遲早會崩潰，並造成大災難。

同樣地，你的消極心態也會被控制和導引，積極心態可去除其中有害的部分，而使這些消極心態能為目標貢獻力量。

在你釋放消極情緒以及積極情緒之前，務必要讓你的理性為它們做一番檢驗，缺乏理性的情緒必然是一位可怕的敵人。怎樣

使得情緒和理性之間能夠達到平衡呢？自律會教導你的意志力作為理性和情緒的後盾，並強化二者的表現強度。你的感情和理智都需要一位主宰，如果沒有了自律，你的理智和感情便會隨心所欲地進行戰爭，戰爭結果當然是你會受到嚴重的傷害。

13.不要無病呻吟

千萬不要無病呻吟，沒錯，絕不能這麼沒事找事做。人的心態非常微妙，要是時常保持樂觀，就會無時無刻覺得無論做什麼事都很順當。反之，要是老以悲觀的心境看待所有的事，任你怎麼做總有礙手礙腳的感覺。心境果真有催人老的作用。

然而，心情總有起伏的時候，不可能永遠都維持在高潮期。而且，適度的低潮心情有時也能調和過度樂觀的缺點。因此，重要的不是如何避免低潮的發生，而是該怎麼調適它作用的程度。

在規律的生活中，心情的起起落落也有一定的規則可循，請你稍微留意心情低落的時刻，找出最低潮的那一刻，好好地自憐一番。不過，要記住一個規則：一個星期只能有一次，而且，一次只能有15分鐘。只要能把握住這個原則，那麼，當你碰到稍不如意的事情，潛意識裡就會提醒自己：「這時千萬不能憂鬱，到時候再一起發洩就好了。」如此一來，你就再也不會三天兩頭唉聲嘆氣了。

當發洩時間一到，因為你只有這麼一次抒發的機會，不用怕，盡情享受它！

這時候，你就該把過去一星期以來，所有你能想到的悲慘情境都重溫一次，好好仰天長嘯一番。有時候因為事過境遷，內心的悲憤不再像事發當時那麼強烈，而難以盡興。結果，已做了發

洩，心中的陰霾卻未完全清除，怎麼辦？沒關係，不妨來點憂傷的音樂呢！真正融入它的意境裡，和它共鳴，痛快地哭它一場，為自己的處境好好地難過一次。

定期發洩是個絕佳的方法，但是，請你一定要擺個計時器提醒自己，因為當15分鐘過去之後，你就該把這個感覺程序全部走完，不能深陷其中無法自拔。直到下個星期同一時間，你才能從頭再來一次。

🌸 14.只有一種憂慮是正確的

猶太人有句諺語：「只有一種憂慮是正確的：為憂慮太多而憂慮。」說得一點也不錯。憂慮是無濟於事的，它只會在同一個地方打轉，然後回到起點，當你對一件事情感到焦慮時，你應該知道：「你所憂慮的事情可能發生，也可能不發生，只有這兩種可能。」

這是極為簡單的事實，你的憂慮不會造成任何影響或改變，而如果你為一件即將發生的事情感到焦慮，你只會有兩種可能：一種情況是事情如同你所憂慮的一樣發生了，那麼你的憂慮只會減少你應對緊急狀況的能力；而另一種狀況則是事情並未發生，此時你的憂慮則是可笑而且毫無用處的。

現在請你將自己的焦慮清查一番，假如你對自己夠誠實，你將發現它們多半是沒有根據的。你還記得一年前你曾經感到憂慮過的事情嗎？它們是如何解決的？你難道不是為了它們當中的大部分，而浪費了許多不必要的精力而一無所獲嗎？

馬克‧吐溫對此就中肯評論道：「我已老邁，也知道很多麻煩事，卻很少真的發生過。」憂慮就像一個根本不存在的債務，

但我們卻往往在事前就支付了利息。

憂慮是會自我增強、傳染的，我們可以藉著經驗老到的馴馬師所觀察到馬群受驚時，會因驚慌增強而加速奔跑的事例，而得到明證。當馬群湊巧拔腿而跑近時，牠們會注意到其他馬匹也跟著跑了起來的情況，而推想附近一定有危險，於是跑得更快了，甚至又以為危險離牠們更近了，因此就更加拔蹄飛奔了。

亞瑟‧史密斯‧洛克說：「憂慮是流過心頭的那條匯集恐懼的小溪，如果水流增加，它就會變成帶動所有思緒的河川。」

這種不合理的自我增強的連鎖關係，是由於當一個人面對問題時，總是憂心忡忡。因為他們一直擔心嚴重的威脅可能即將臨頭，而這種可能性實在是太可怕了，以至於他們更有理由擔心，以此類推，更是愁上加愁。正如荷蘭夫人所說的：「麻煩就像嬰兒一樣，有人照顧就越長越大。」

建議你每天抽出半小時作為「憂慮時間」，只是千萬別把憂慮時間排在就寢之前，一小時內，當你因為憂慮而無法專心工作時，就告訴自己等一下有半小時可以好好地擔心一下。到了「憂慮時間」時，如果你已經遺忘了那些事，就表示那些問題不值得擔心。

曾與愛迪生一起工作的大作家拿破崙‧希爾便將自己的「憂慮時間」安排在星期五的下午。如果他在星期五的下午發現了不安的情緒，就將它寫下並安排到下個星期五去想它們。而當真的到了星期五時，所有的不安往往如奇蹟般地不復存在了，它們全都自然而然地有了答案。

對付憂慮最好的辦法，就是「見招拆招」。首先，清楚地寫下你的憂慮為何，對待此問題不能先入為主或存在偏見，應徹底了解事件的起因和經過。

　　哥倫比亞大學的教授赫克斯說：「有一半的憂慮是由於一知半解就做出決定造成的。」所以，解決難題一定要先了解難題存在的原因，否則無從下手。

　　接下來問問你自己：「你所憂慮的這件事真的發生的機率究竟有多少？」、「可能發生的最惡劣的情況是什麼？」，通常你會發現，事情不可能真的糟糕到那種地步，你只要仔細思考過，並且把最糟的後果考慮一遍，往往就能降低問題所帶來的壓力與恐懼。

　　既然你已經做好了最壞的打算，就應開始思考如果真的發生你所憂慮的那件事，你唯一能做的便只有接受它。一旦你下定決心「接受這種結果」，那麼剩下來的便沒有什麼好擔心的了。

　　剩下來的事情就是立刻開始思考如何不讓事情惡化，然後平靜地想辦法改善最惡劣的情況。

　　若你學過游泳的話，你會記得最初你總是在水中胡亂拍打、掙扎，即使你努力學習，但似乎總是沒有任何成果，然後，忽然之間你放鬆自己，「我懂了！」你放聲大喊：「我學會游泳了！」當你學會讓自己在精神上放鬆時，情況自然會走向坦途。

　　「我懂了！」你會說：「我能夠在人生之海中無憂無慮地游泳了！」

　　儘管你不可能永遠逃避一些人生的苦難，一如人生中總有下雨的時候，但你又何必在豔陽高照時就打起雨傘呢？

🏵 15.哀莫大於心死

　　很多事之所以在還沒開始之前就已經結束，或中途選擇了放棄，並非因為它真有那麼困難，最主要的原因是我們並沒有認真

去做。有時，明明事情在開始時進展得十分順利，一到中途卻開始停滯不前，也並非真的遇到什麼瓶頸或難題，而是我們沒有堅持到底。

所以說，一顆不堅定的「心」才是我們邁向成功之路的最大障礙。

如果不能保有一顆熱忱的、堅定的心，那會是一件很可怕的事。每當你想要進行某件事時，根本還不曾試圖去了解個梗概，不是直覺地認為它太難，就是抱持著事不關己的態度。這時，你會連嘗試都不想去嘗試，更不用說去完成它了，如此一來，所有你在心中籌畫的計畫都將成為永恆的幻想。

要是事情進行到一半才熱情減退，結果又如何呢？自然是虎頭蛇尾，成不了大事。前者是還未開始就已經結束，後者則是花費大把力氣後卻徒勞無功，與其如此，倒不如一開始就不做。

思考的過程雖然沒有想像中的那麼容易，但比起行動來說卻是最簡單不過的事情。因為，思考可能只是剎那間的事，行動卻需要不算短的一段時間才能完成。沒有熱忱，根本就無法堅持到底。

因此，不管何時何地，你都得保持高度的熱忱，最好從現在就開始。如果能將它內化成為生活的態度，你會發現自己的生活觀念變得比以前更為積極了，活得也比較快樂。

一個將拿破崙・希爾推向成功之路的重要因素就是他的繼母的熱忱。

拿破崙・希爾9歲時，他的父親便娶了繼母過門，當時他們是居住在維吉尼亞州鄉下的窮苦人家，而她則來自家境較好的家庭。

拿破崙・希爾的父親一邊向他介紹家庭成員，一邊對她說：

「我希望你注意這個全郡最壞的男孩，他可能會在明天早上以前拿石頭丟妳！」

沒想到，拿破崙‧希爾的繼母卻走到她面前，托起他的頭仔細看了看，接著對丈夫說：「你錯了，這不是全郡最壞的男孩，而是最聰明，但還沒有找到發洩熱忱地方的男孩。」

拿破崙‧希爾就因為她這一段話而開始與她建立友誼，也就是這段友誼使他創造了17條成功法則，並將這些法則的影響力發揚光大。在她之前從來沒有人稱讚過他聰明，拿破崙‧希爾的父親和鄰居們都認定他是壞男孩，而拿破崙‧希爾也真的表現出一些不良行為給他們看，但是只因為繼母說了那一句話，便改變了一切。

她還改變了許多事，她鼓勵她的丈夫去牙醫學校進修，並且從學校中光榮地畢業了。她把全家遷到郡府所在地，以便丈夫的牙科診所在那裡會有較好的生意，而拿破崙‧希爾與其他兄弟也可以接受比較好的教育。拿破崙‧希爾的父親起初反對這些建議，但最後還是屈服在她的熱忱之下。

當拿破崙‧希爾14歲時，她送給他一部打字機，並且鼓勵他成為一位作家，拿破崙‧希爾理解她的熱忱，也很欣賞她的這股熱忱，他親眼看到她的那股熱忱是如何改變了這個家庭的生活。他接受了她的想法，並開始向當地的一家報社投稿。當希爾去詢問卡內基且接受他的委託時，他仍然在從事寫作的工作。繼母的熱忱，不僅使拿破崙‧希爾有能力把握這個機會，同時也帶給他完成卡內基託付的任務的自信和熱忱。

拿破崙‧希爾並非是唯一得到恩惠的那個人，他的父親最後成為城裡最富有的人，而他的兄弟中既有物理學家、牙醫師、律師，還有一位大學校長。

課後分析：

◆保持樂觀進取的態度，是激發潛能、取得成功的關鍵。

◆積極心態能使一個懦夫變成英雄，從心志柔弱變成意志堅強，由軟弱、消極、優柔寡斷的人變成積極的人。

◆偉人之所以偉大，是因為他們的心態更積極。

第三課
想到就要做到

Potencecy Exploit

若不先將種子撒在地面上，就不可能得到任何收穫。

若想要有所收穫，必先付出心力。

在你得到財富之前，在你的潛意識中一定要將對財富的思維深刻在你的心中，不管深刻在你心裡的是什麼，它必然會在空間的銀幕上被表現出來，這就是信念。

信念是人生的真正法則，此點務必清楚。烙印在人的潛意識裡的所有一切，在以後的歲月裡將會從他的經驗之中顯現出來。每個人應相信自己潛意識的功能，細細琢磨一番，自己心底真實的感受是否在全面支配著自己的人生。

第三課

想到就要做到

1.信念左右命運

要想使自己成功，除了弄清自己成為成功者的才能外，最根本、最重要的是毫無倦怠地持續工作。所有獲得成功的人從自己的切身感受中發現，唯有信念才能左右命運，因而他們只相信自己的信念。

人的潛在意識一旦完全接受自己的要求之後，他的要求便會成為創造法則的一部分，並自動地運作起來。人必須相信自己所想要相信的事。這樣，就會在自己的潛意識中得到真正的印象，而自己的潛意識也會因印象的程度而適當地做出反應。

普通人認為辦不成的事，若當事人確實能從潛在意識去認定可能辦成，事情就會按照當事人信念的程度高低，而從潛意識中生出極大的力量來。此時，即使表面看來不可能辦成的事，也可能辦成。

生活中，常有這樣的事：醫生已判定某患者的病無法治癒或某人是癌症晚期，但患者卻抱著「一定會好」或「我的病不像醫生說的那麼嚴重，我會好的」這種堅強信念，病後來真的就完全治好了，或癌症晚期的悲慘結局根本就沒有出現。這類事古今中外不勝枚舉。

工作也是一樣。在經濟不景氣的氛圍中，喘息奔波而最終嶄

露頭角、獲得成功的例子也不在少數。其原因就是，任憑別人怎麼說「那不可能」、「誰也無法成功」，而自己卻抱定「我一定要做出成績讓人看看」的堅定信念而努力爭取所致。

有兩名年屆70歲的老太太：一名認為到了這個年紀可算是人生的盡頭，於是便開始料理後事；另一名則認為一個人能做什麼事不在於年齡的大小，而在於自己抱持什麼想法。於是，後者在70歲高齡之際開始學習登山，隨後的25年裡，一直冒險攀登高山，就在最近，她還以95歲高齡登上了日本的富士山，打破了攀登此山的最高年齡紀錄。她就是著名的胡達‧克魯斯老太太。

影響我們人生的絕不是環境，也不是遭遇，而是我們持有什麼樣的信念。

之所以產生如此奇蹟般的結果，主要有兩個原因。

一是擁有絕對可能的信念，便會在心底播下良好的種子，從心底引起良好的作用；二是那個絕對可能的信念到達潛意識後，會從潛意識那裡激發出無限的能力來。

世上許多令人無法相信的偉大事業，卻有人去完成了。究其原因，無非是那些人具有不怕艱難險阻的堅強信念，堅信自己永保無窮的力量。

凡是想成功的人，或是不甘現狀、渴望進取的人，都要相信自己的力量，不為各種干擾所左右，朝著既定的大目標勇往直前。

✾ 2.信念激發潛能

一個人做任何事不是沒有原因的，我們做的每一件事都是根據自己的信念，有意或無意地導向快樂或避開痛苦。如果你希望

能夠徹底改變自己舊有的習慣，那麼就得從掌握行為的信念著手才行。

信念可以激發潛能，也可以毀滅潛能，就看你從哪種角度去認識。

信念何以對我們的人生有這麼大的影響？事實上它可以算是我們人生的引導力量。當我們人生中發生任何事情時，腦海裡便自然會浮現出兩個問題：這件事對我是快樂還是痛苦？此刻我得採取什麼行動，才能避開痛苦或得到快樂？這兩個問題的答案是什麼，就全得看我們所持的是哪種信念。

信念不是自然生成的，而是我們從過去的經驗中累積而學會的，它是我們生活中行動的指標，指出我們人生的方向、決定我們人生的品質。

人生十之八九是不如意的，其中甚至於有極為痛苦的遭遇，要想活下去，非有積極的信念不可，這是心理醫生維克多·佛朗凱從奧斯維辛集中營的種族屠殺事件中發現的道理。

他注意到凡是能從這場慘絕人寰的浩劫中活過來的少數人，都有一個共同的特徵，那就是他們不但能忍受百般的折磨，並且能以積極的信念去面對這些痛苦，他們相信有一天會成為活生生的見證，告訴世人不要再發生這樣的慘劇。

信念也像指南針和地圖，指引出我們要去的目標，並確信必能到達。然而沒有信念的人，就像少了馬達、缺了舵的汽艇，不能動彈一步。所以在人生中，必須要有信念的引導，它會幫助你看到目標，鼓舞你去追求，創造你想要的人生。

NBA的夏洛特黃蜂隊1號柏格斯身高只有160公分，但這個矮子可不簡單，他曾是NBA表現最傑出、失誤最少的後衛之一，不僅控球一流，遠投精準，甚至在長人陣中帶球上籃也毫無所懼。

柏格斯是不是天生的好手呢？當然不是，而是意志與苦練的結果。

柏格斯從小就長得特別矮小，但卻非常熱愛籃球，幾乎天天都和同伴在籃球場上鬥牛，當時他就夢想有一天可以去打NBA，因為NBA的球員不只待遇奇高，也享有很高的社會評價，是所有愛打籃球的美國少年最嚮往的夢。

每次柏格斯告訴他的同伴：「我長大後要去打NBA。」

所有聽到的人都忍不住哈哈大笑，甚至有人笑倒在地上，因為他們「認定」一個160公分的矮子是絕不可能打NBA的。

他們的嘲笑並沒有阻斷柏格斯的志向。

他用比一般人多幾倍的時間練球，終於成為全能的籃球運動員，也成為最佳的控球後衛。他充分利用自己矮小的「優勢」，行動靈活迅速，像一顆子彈一樣，運球的重心最低，不會失誤；個子小不引人注意，抄球常常得手。

現在柏格斯成為有名的球星了，從前聽他說要進NBA而笑倒在地上的同伴，現在常炫耀地對人說，他們小時候是和黃蜂隊的柏格斯一起打球的。

真的，世界上沒有任何力量像信念這樣，對我們的影響如此巨大。

人類的歷史，從根本上說是信念的歷史。

像哥白尼、哥倫布、愛迪生或愛因斯坦等人，他們何嘗不是改變歷史，也改變我們信念的人。

若有人想改變自己，那就先從改變信念開始；如果想效法偉人，那就效法他成功的信念吧！

🌿 3.信念的威力

一個人擁有絕對的信念是最重要的，只要有信念，力量會自然而生。

1951年，世界著名游泳選手弗羅倫絲·查德威克成功地隻身橫渡英吉利海峽，創下一項非同凡響的紀錄。

1953年，她決定再次挑戰人類極限，創造一個新的紀錄——她要從卡德林那島游向加利福尼亞。

就在這一年的某一天，當她游近加利福尼亞海岸時，她嘴唇凍得發紫，全身一陣陣顫抖。她已經在水裡泡了16個小時，前面霧氣靄靄，看不見海灘，而且也難以辨認伴隨她的小艇。

查德威克感到自己已精疲力盡了，更使她灰心的是在茫茫大海中看不到海岸，她失去了繼續向前的信念。她感到再也難以支持了，於是向小艇上的人請求：

「把我拖上來吧，我不行了。」

「只有一英里了，目標就在眼前，放棄就意味著失敗。」

濃霧使查德威克看不到海岸，更遮住了她內心中的強烈信念，她以為別人在騙她。

「把我拉上來吧。」她再三請求。

於是冷得發抖、渾身濕淋淋的查德威克被同伴拉上了小艇。

此時，距離海岸還不到1個小時的游程。

這件事過了不久，查德威克認識到，其實，妨礙她成功的不是大霧而是她內心的疑惑。是她自己讓大霧擋住了視線，迷惑了心靈，先是對自己失去了信心，然後才被大霧俘虜了。

兩個月後，查德威克又一次嘗試著游向加利福尼亞。濃霧還是籠罩在她的周圍，海水還是冰冷刺骨，同樣還是望不見海岸。

但這次她堅持了下來，她知道陸地就在前方，她奮力向前游，因為，陸地就在她的心中，信念就在她的心中。最後她成功了。

查德威克在兩次自我能力的挑戰中，信念使得她戰勝了自己內心的害怕和失望。最終她征服了海峽，也征服了自己。

任何人都可以使夢想成為現實，但首先你必須擁有能夠實現這一夢想的信念。千萬不要讓形形色色的霧迷住了你的眼睛，不要讓霧俘虜了你。你面臨的霧也許不是瀰漫在加利福尼亞上空的，它們在任何時候、在任何地方都可能會出現。

信念在人的精神世界裡是最重要的支柱，沒有它，一個人的精神大廈就極有可能會坍塌下來。

信念是力量的源泉，是勝利的基石。

一片茫茫無垠的沙漠上，有一支探險隊在那裡負重跋涉。

陽光劇烈，風沙漫天。口渴的探險隊員們卻沒有了水。

這時候，探險隊的隊長從腰間拿出一個水壺。說：「這裡還有一壺水。但穿越沙漠前，誰也不能喝。」── 因為只有一壺水。

那水壺從探險隊員們手裡依次傳遞開來，沉甸甸的。一種充滿生機的幸福和喜悅在每個隊員瀕臨絕望的臉上瀰漫開來。

終於，隊員們憑著那壺水帶給他們的精神和信念，一步步掙脫了死亡線，頑強地穿越了茫茫沙漠。他們喜極而泣的時候，突然想到了那壺給了他們精神和信念支撐的水。

誰知道，擰開壺蓋，流出的，卻是滿滿的一壺沙……

這就是信念產生的威力。信念是一種指導原則和信仰，讓我們明白了人生的意義和方向；信念人人都可以支取，並且取之不盡，用之不竭；信念像一張早已安置好的濾網，過濾我們所看到的世界；信念也像腦子的指揮中樞，指揮我們的腦子，照著所相

信的信念，去看事情的變化。

🦋 4.信念敲開成功之門

卡薩爾斯已經90多歲了，他是那麼的衰老，加上嚴重的關節炎，不得不讓人協助穿衣服。走起路來顫顫巍巍，頭不時地往前傾；雙手有些腫脹，十根手指像鷹爪般地勾曲著。從外表看來，他實在是老態龍鍾。

就在吃早餐前，他貼近鋼琴——那是他擅長的幾種樂器之一。很吃力地，他才坐上鋼琴凳，顫抖地把那勾曲腫脹的手指抬到琴鍵上。

剎時，神奇的事發生了。卡薩爾斯突然完全變了個人似的，透出飛揚的神采，而身體也跟著開始動作並彈奏起來，彷彿是一位健康的、有力的、敏捷的鋼琴家。

他的手指緩緩地舒展移向琴鍵，好像迎向陽光的樹枝嫩芽，他的背脊直挺挺的，呼吸也似乎順暢起來。是彈奏鋼琴的念頭，完完全全地改變了他的心理和生理狀態。

當他彈奏鋼琴曲時，是那麼地純熟靈巧，絲絲入扣；隨著他奏起布拉姆斯的協奏曲，手指在琴鍵上像游魚般地輕快地滑逝。

他整個身子像被音樂溶解般不再僵直和傴僂，代之以柔軟和優雅，不再為關節炎所苦。在他演奏完畢，離座而起時，跟他當初就座彈奏時全然不同。他站得更挺，看來更高，走起路來也不再拖著地。他飛快地走向餐桌，大口地吃著，然後走出家門，漫步在海灘的清風中。

卡薩爾斯熱愛音樂和藝術，那不僅曾使他的人生美麗、高貴，並且仍每日帶給他神奇。就因為他相信音樂的神奇力量，使

他的改變讓人匪夷所思；就是信念，讓他每日從一個疲憊的老人化為活潑的精靈。說得更神祕一些，是信念，讓他活下去。

一個有信念的人，所散發出來的力量，不下於99位僅心存興趣的人。這也就是為何信念能啟開卓越之門的緣故。

當我們內心相信，信念便會傳送一個指令給神經系統，我們便不由自主地進入信以為真的狀態。若能好好控制信念，它就能發揮極大的力量，開創美好的未來；相反地，它也會讓你的人生毀滅。是信念幫助我們挖掘出深藏在內心的無窮力量。

蒙提‧羅伯茲的父親是位馬術師，他從小就必須跟著父親東奔西跑，一個馬廄接著一個馬廄，一個農場接著一個農場地去訓練馬匹。

由於經常四處奔波，他的求學過程並不順利。初中時，有次老師叫全班同學寫報告，題目是「長大後的志願」。

那晚蒙提洋洋灑灑寫了7張紙，描述他的偉大志願，那就是想擁有一座屬於自己的牧馬農場，並且仔細描畫了一張佔地200畝的農場設計圖，上面標有馬廄、跑道等的位置，然後在這一大片農場中央，還要建造一棟佔地4,000平方英尺的巨宅。

他花了好大心血把報告完成，第二天交給了老師。兩天後他拿回了報告，第1頁上打了一個又紅又大的F，旁邊還寫了一行字：下課後來見我。

腦中充滿幻想的蒙提下課後帶著報告去找老師：「為什麼給我不及格？」

老師回答道：「你年紀輕輕，不要老做白日夢。你沒錢，沒家庭背景，什麼都沒有。蓋座農場可是個花錢的大工程；你要花錢買地、花錢買純種馬匹、花錢照顧牠們。你別太好高騖遠了。你如果肯重寫一個比較不離譜的志願，我會重打你的分數。」

蒙提回家後反覆思量了好幾次，然後徵詢父親的意見。父親只是告訴他：「兒子，這是非常重要的決定，你必須自己拿定主意。」

再三考慮了好幾天後，蒙提決定交回原稿，一個字都不改。他告訴老師：「即使不及格，我也不願放棄夢想。」

蒙提後來真的擁有了200畝農場和佔地4,000平方英尺的豪華住宅，而且那份初中時寫的報告至今還留著。

兩年前的夏天，那位老師帶了30個學生來蒙提的農場露營一星期。離開之前，他對蒙提說：「說來有些慚愧。你讀初中時，我曾潑過你冷水。這些年來，我也對不少學生說過相同的話。幸虧你有這個毅力堅持自己的夢想。」

5.信念的真諦

當你相信自己很聰明，這時說起話來的口氣便十分有力量：「我認為我很聰明。」當你對自己的聰明很有把握時，就能充分發揮潛力，做出好的成績來。

對於任何事每個人都有自己的主見，即或不然也能從別人那裡問得答案；然而自己若是個優柔寡斷的人，亦即沒有堅定信念或對自己實在是沒有把握，那麼就很難充分發揮自己的潛能。信念是一種動力，而強烈的信念乃是更有價值的動力，讓一個人持久不懈地努力，以完成跟大眾或個人有關的目標，實現心願或理想。

若是想在人生中有一番成就，最有效的辦法就是把信念提升到強烈的地步。因為只有達到很強的程度才會促使我們拿出行動，掃除一切橫在前面的障礙。一般程度的信念固然在某些時候

能發揮一定程度的作用，可是有些事必須要達到強烈信念那樣的程度才能成功。

當你強烈相信自己是個有能力掌握人生的聰明人時，這個信念就可以幫你度過人生中各種艱苦的時光。

羅絲幾乎無所不能，她是個活力充沛、朝氣蓬勃的女性，打網球，縫製孩子們所有的衣服，還為一家報紙撰寫專欄。

她愛請客，會花好幾小時做飯前小吃，摘下花園裡的鮮花擺滿一屋子，並將家具重新佈置，讓朋友好好跳舞。其實，最愛跳舞的是她自己。

她在接待客人時盛裝打扮，穿上配有深色精細網織罩衣的黑裙子，把她的金黃色頭髮襯托得完美無瑕。然後，她會穿上黑色高跟舞鞋，成為全世界最美的女人。

可是在她31歲時，她的生活變了。

突然之間，她因為生了一個良性脊椎瘤而癱瘓，平躺著困在醫院的病床上，從此以後她便永遠不能恢復以前的樣子了。

她盡力學習一切有關殘疾人士的知識，後來成立了一個名叫殘疾社的輔導團體。由於羅絲那麼樂觀地接受了她的處境，她也很少對此感到悲傷或怨恨。

後來，羅絲毛遂自薦到監獄去教授寫作。只要她一到，囚犯便圍著她，專心聆聽她講的每一個字。

當她不能再去監獄時，仍與囚犯通信。她寫了一封信給一個叫韋蒙的囚犯，信是這麼寫的：

親愛的韋蒙：

自從接到你的信後，我便時常想到你。你提起關在監牢裡多麼難受，我深為同情。可是你說我不能想像坐牢的滋味，讓我覺得非說你錯了不可。

監獄是有許多種的，韋蒙。

我31歲時有天醒來，人完全癱瘓了。一想到自己被囚在軀體之內，再也不能在草地上跑或跳舞或抱我的孩子，我便傷心極了。

有好長一段時間，我躺在那裡問自己這種生活值不值得過。我所重視的所有東西，似乎都已失去了。

可是，後來有一天，我忽然想到我仍有選擇的自由。看見我的孩子時應該笑還是哭？我應該咒罵上帝還是請他加強我的信心？換句話說，我應該怎樣運用仍然屬於我的自由意志？

我決定盡可能充實地生活，設法超越我身體的缺陷，擴展自己的思想和精神境界。我可以選擇為孩子做個好榜樣，也可以在感情上和肉體上枯萎死亡。自由有很多種，韋蒙，我們失去一種，就要尋找另一種。

你可以看著鐵檻，也可以穿過鐵檻往外看。你可以成為年輕囚友的做人榜樣，也可以和搗亂份子混在一起。你可以愛上帝，設法認識祂，你也可以不理祂。

就某種程度上說，韋蒙，我們命運相同。

多麼平凡而偉大的一位女性，如果不是堅定的信念，她怎能譜寫如此華美的生命樂章。

生命的樂章要奏出強音，必須依靠信念；青春的火焰要燃得旺盛，必須仰仗信念。

信念猶如火焰，當陰霾蔽日之時，指給你奔向光明的前程；信念宛似溫泉，當冰凌滿谷之時，溫暖你的身心；信念好比葛藤，當你向險峰攀登之時，引你拾級而上。

信念並不深奧，說穿了可能比一切都更淺白，更明瞭；信念其實就是相信自己，相信勝利，相信自己所確定的目標，相信自

己為達到這一目標所具備的能力。

信念好比燈塔射出的明亮的光芒，在朦朧浩渺的人生海洋中，牽引著人們走向輝煌。高高舉起信念之旗的人，對一切艱難困苦都無所畏懼。信念之旗倒下了，人的精神也就垮了下來，而從來就不曾擁有過信念的人對一切都會畏首畏尾，在漫長的人生旅途中抬不起頭，挺不起胸，邁不開步，整天渾渾噩噩，醉生夢死，看不到光明，因而也感受不到人生的幸福和快樂。

✾ 6. 我是最好的

有個漂亮女孩想把臉上一個小小瑕疵去掉，她認為那瑕疵不雅觀，而為此感到自己不迷人。但醫生不這麼認為，因而不樂意為她美容。女孩的男朋友，是一個缺乏魅力的矮個子，臉上有個醜陋的痣。當醫生說他可以為他消掉時，那人卻大惑不解地說：「我的臉部沒什麼毛病。」

那人覺得自我強而有力的形象很吸引人，這自然會影響到他的行動以及商業經營的方式，更關鍵的是他認識自我的方式，這使他成就了他自己。而他的女朋友則正好相反，儘管很漂亮，但她對自己的容貌沒有真正的自信，小小的瑕疵在她的心裡成了大事，強化了她內在的信念：她不吸引人。

自我形象在本質上是肯定的還是否定的，直接關係到你事業成功的潛在可能性。

小孩在學會走路之前，要經歷240次以上的失敗，大概是本能在告訴他說：「不要放棄，因為你放棄時，你就只能失敗了。」跌倒的小孩子自己爬了起來，學習、吸納並成功的能力是與生俱來的，不管跌倒多少次，他對於學會走路的自我信念堅不可摧。

他不會喪氣，遇到挫折時不會認為自己就是失敗者，他在潛意識裡知道他能從失敗中走向成功。

成年之後，對自身潛能的天生信念在大多數人那裡都萎縮了，但有趣的是，凡是成功者都有堅定不移的自我信念，他們絲毫不懷疑自己能實現目標。這樣的人把跌倒與失敗的過程當作走向成功的一部分，毫不氣餒。這種接受失敗的能力並不表示你實現了自我，但卻是實現自我過程中必不可少的東西，是成功的基本要素之一。

大多數兒童都有強烈的自尊心和自我信念，他們相信世界受他們的支配：他們能成為太空人、芭蕾舞明星、醫生、牛仔、舵手等等他們想成為的角色。他們充滿幻想的遊戲清楚地表明他們能夠夢想成真。

18歲時只有不足5%的人還有著良好的自我信念。他們總是被告知：「你不能唱歌，你真笨，傻瓜，你以為你是誰？你永遠不會成功。」隨著一天天長大，他們的自我信念受外部環境的影響而一天天在減少。

無論是老師說我們沒能力獲得好成績，還是家長認為我們很笨，甚至是朋友好意地說我們的烹飪技術大有問題，這些都會被儲存於我們的潛意識裡，腐蝕著我們原本的自我信念，並使我們的信念發生懷疑與動搖。

如果你的自我信念不強，你便總會尋找證據來反思並驗證它。如果你相信自己不會做飯，你又處於不得不做飯的境地之中時，你在瞬間裡的第一反應就是：「我知道自己不會做飯。」這與你通常的自我信念完全吻合了。在你的潛意識裡，你就是一個不會做飯的人，這就是你自己了，你總會尋找證據來加強你的這種信念。

英國特種航空隊所取得最偉大的勝利，表面上看是伊朗大使館拯救行動，是在福克蘭島和海灣戰爭中的貢獻。實際上，這個團體最大的貢獻是它本身的創建並自我命名為特種航空隊——它自認為是特殊的，更重要的是，連它的敵人也認為它是特殊的。這種特殊感因為選拔過程的嚴厲而進一步加強了，教練們不斷提及SAS的輝煌業績也加強了其成員的精英意識。有了這種堅定的信念，不難想像其成員的自信心。

一些公司也塑造了一種堅強有力、無往不勝的形象，即使在最困難的境遇中也能挺過來。任何一家公司有了這種自信，再加上以往的成功感、堅強而有眼光的領導團隊，它便不僅能夠制定出，而且也能夠實現看來不可能實現的目標。

本田公司在1959年為自己制定了這樣的一個目標，30年之後成為美國汽車行業中的主角。這看上去是個愚蠢的計畫：美國的製造商在當時，實際上壟斷了本國的汽車銷售業，外國的製造商在這種奢侈品市場上基本沒有什麼競爭力。然而，本田卻在它估算的時間內實現了預定的目標。

當加利福尼亞立法機關決定提出一項議案，規定轎車必須配置不超過50公里一加侖的低耗油量引擎時，美國汽車工業界的反應是力圖推翻這項議案。他們投入上百萬元的資金舉行抗議活動，還雇用華盛頓的說客為他們說情。

相反地，本田公司的反應卻不一樣，他們接受挑戰，儘管他們在這種技術革新方面沒有什麼真正的準備，他們仍聲明要製造這種引擎。他們是如何做到這一點的，這確實是有關毅力、創造性和專心致志的動人故事。本田最終戰勝了美國的汽車製造商，製造出目前仍在批量生產的技術上最為先進的引擎，這就是本田VTEC。

🐝 7.美夢成真

　　戴爾的父母希望自己的兒子能成為一位體面的醫生。可是戴爾讀到高中便被電腦迷住了，整天拿著一台現在十分落後的蘋果機，他把電腦的主板拆下又裝上。

　　他的父母很傷心，告訴他應該用功念書，否則根本無法立足於社會。可是，戴爾說：「有朝一日我會開一家公司。」父母根本不相信，還是千方百計按自己的意願培養他，希望他能成為一位醫生。

　　不久，戴爾終於按照父母的意願考入了一所大學的醫科，可是他只對電腦感興趣。在第一學期，他從當時的零售商處買來降價處理的IBM個人電腦，在宿舍裡改裝升級後賣給同學。他組裝的電腦性能優良，而且價格便宜。不久，他的電腦不但在學校裡熱銷，而且連附近的法律事務所和許多小企業也紛紛來購買。

　　第一個學期快要結束的時候，戴爾告訴父母，他要退學。父母堅決不同意，只允許他利用假期推銷電腦，並且承諾，如果一個夏季銷售不好，那麼，必須放棄電腦。可是，戴爾的電腦生意就在這個夏季突飛猛進，僅用了一個月的時間，他就完成了18萬美元的銷售額。

　　戴爾的計畫成功了，父母很無奈地同意他退學。

　　戴爾組建了自己的公司，打出了自己的品牌。在很短的時間內，他良好的業績引起投資家的關注。第二年，公司順利地發行了股票，他擁有1,800萬美元的資金，那年他才23歲。

　　10年後，他創下了類似於比爾‧蓋茲般的神話，擁有資產達43億美元。

　　比爾‧蓋茲曾經親自飛赴他的住所向他祝賀，比爾‧蓋茲對

他說：「我們都堅守自己的信念，並且對這一行業富有激情。」

每項奇蹟的開始時總是始於一種偉大的想法。或許沒有人知道今天的一個想法將會走多遠，但是，我們不要懷疑，只要靜下心來，堅定自己的信念，讓心中的雜音寂靜，你就會聽見它們就在不遠處，而且伸手可及。

8.建立正確的信念

認識自己，談何容易。

許多青年想躋身於成功之路，可是，其中的相當一部分人，連最起碼的成功素養與生活積累都不具備，怎麼能開啟成功之門呢？

一個人在不適合自己走的路上屢屢摔跤以後，自信心就會漸漸泯滅。承認這條路不是自己應該選擇的，這是痛苦的，需要有點勇氣，但倘若一生都不敢正視它，踉踉蹌蹌走在對自己完全不適合的道路上，那豈不是更痛苦嗎？

正確地認識自己，根據自身的條件和實際的可能及時轉向，讓自己的長處得以發揮，就會感到自己並不比別人笨，你有不及別人的地方，而別人也有不及你的地方，勝利的信念便會由此產生並不斷得到增強。

若是想在人生中有一番成就，最有效的辦法便是把信念提升到強烈的地步。因為只有達到這種程度才會促使我們拿出行動，掃除一切阻攔在前面的障礙。

肯定的信念固然在某些時候能發揮一定程度的作用，可是有些事還真需要像達到強烈信念那樣的程度才能成功。當你強烈相信自己是個有能力掌握人生的聰明人時，這個信念就可以幫助你

度過人生中各種艱苦的時光。

正確地選擇了事業上的窗口，並對此充滿了必勝的信念，並非意味著成功便唾手可得了。阿西摩夫一星期7天都坐在堆滿了各種書報的辦公桌旁，從中吸取知識的瓊漿；他的腦海裡經常同時醞釀著三到四個創作題材；每天堅持至少打字8小時。

可見，信念能使人產生持之不懈的力量，沒有與勤奮結伴的信念，再往前邁一步，便會跌入自卑的枯井。究竟信念來自何方？為什麼有人擁有推向成功的信念，而有人擁有導致失敗的信念，如果我們打算效仿那些導致成功的信念，就得先找出它的來源。

綜觀在事業上有成就的人，在其起步時都是信誓旦旦。巴甫洛夫曾宣稱：「如果我堅持什麼，就是用大炮也不能打倒我。」高爾基指出：「只有滿懷信念的人，才能在任何地方都把信念落實在生活中並實現自己的意志。」

對科學信念的執著追求，促使居里夫人以百折不撓的毅力，終於從堆積如山的礦物中提煉出珍貴的物質——鐳。就此，她曾說：「生活對於任何一個男女都非易事，我們必須有堅韌不拔的精神，最要緊的，還是我們自己要有信念。我們必須相信，我們對每一件事情都具有天賦的才能，並且，付出任何代價，都要把這件事完成。當事情結束的時候，你要能夠問心無愧地說，我已經盡我所能了。」

如果你看到的全是失敗、全是絕望，要想在內心追求成功的信念，實在是難如登天。模仿是一件人生一直在做的事。如果你生長在一個富裕且成功的環境，你很容易去模仿富裕和成功；如果你生長在貧窮和絕望中，你大半的模仿可能是貧窮和絕望。愛因斯坦就曾說過：「很少有人能夠不因社會環境的偏差，而表達

出公正的意見，然而大多數的人卻連公正的想法都沒有。」要相信自己行，最有效的方法就是實際去做一次。如果你那次成功，就很容易建立會再成功的信念。

9.強化你的信念

汽車大王福特認為世界沒有「不可能」這回事，他用蒸汽去推動他構想的機器，用了兩年多，但行不通。後來，他在雜誌上看到可以用汽油氧化之後形成燃料以代替煤氣照明，觸發了他的「想像力」和創造欲望，全心全意投入引擎的研究工作。

自我是非常個人化的主觀意識，是提升自我的方法。如果你能發現一個最適合本身的方法，就等於是挖掘出了美妙的實物。

福特每一天都在想成功地製造一部「汽車」。他的信念被大發明家愛迪生所賞識，邀請他當底特律愛迪生公司的工程師，實現他的夢想。

終於，1892年，福特29歲之時，他成功製造了第一部摩托車。而在1896年，也就是福特33歲的時候，世界第一部汽車引擎便問世了。

如果你的自我意識非常強烈就容易獲得成功。反之，當自我主張動搖時，若能把自己的外觀和意識都變得使自己滿意，即可恢復自我。以曾經富裕生活後卻降低生活水準者而言，仍可透過富有的行動及購物，來恢復富裕的「感覺」，如此就可重新獲得財富。儘管一般人都能明白財富只是過眼雲煙，但無可否認，它確實可作為人生中轉變方向的契機。

信念是靈魂的工廠，人類所有的成就都是在這裡鑄造的。從12歲的構想，到33歲的實現，福特花了21年在這「信念的工廠」

鑄造他的汽車。以後的日子，福特的信念便成為一個「金元的工廠」，替他與數以萬計的人鑄造了天文數字的財富。

福特的堅定信念，努力不懈的精神，就是使他的汽車工廠轉變為金元工廠的催化劑。

那麼，如何強化你的信念呢？

你得先有一個基本的信念，並且不斷吸收新的有力的依據，以強化這個信念。你打算從此不再賭錢，要想強化這個決心，你不妨去請教以前的賭友，問問他是什麼原因促使他改變成這樣，這對他的生活方面造成何種影響。

然後給自己找一個印象深刻的例子或自創一個，讓自己明白若不這麼做可能得付出什麼代價，並且不斷提出質疑以迫使這個信念達到深信不疑的地步。如果你想戒菸，不妨去拜訪醫院的加護病房，觀察一下患肺氣腫而躺在氧氣罩裡的病人，或者看一看老煙槍肺部的X光照片。諸如上述的經驗，相信定然能使你建立真正強烈的信念。

付諸行動吧！因為每一次的行動必定會強化這個信念，使你有更強的決心持有這個信念。

朗特絲已沮喪到不想起床的地步。她自從胖了50磅以來，每天要睡16到18小時。就在這時，收音機裡的一則廣告引起了她的興趣，她竟然搖搖晃晃地跑到那裡一探究竟。這是她的第一步。若不是這一步，以下的故事也沒得發展了。

朗特絲加入俱樂部，展開運動課程。經過一段時間，她的感覺及精神大幅度地轉變，於是她說服俱樂部給她一份推廣的工作。朗特絲向來對廣播推銷極為神往，有意朝這個方面發展。但她中意的電台沒有職缺，也不願給她面試機會。那時她已領會堅持到底的訣竅，便死守在總經理辦公室門前，直到他答應讓她面

試為止。

看到她顯露出來的信心、決心、毅力及衝勁，經理終於點頭，答應雇用她。她才剛開始就表現驚人，沒多久便遙遙領先於其他同伴。不幸的是她跌斷了腿，幾個月之內都得上石膏、挂拐杖，但她並沒有停下來。12天後，她又回到電台，並雇了一名司機載她到各指定地點去。由於上下車對她實在很不方便，她開始利用電話進行推銷和接訂單，結果業績竟大幅度地上升。

廣播電台的迪士尼頻道總經理，聽說這個電台聽眾最少，業績卻名列前茅，便邀請朗特絲到其他城市主持研討會。不管她到哪裡，成果都相當顯著，因為一旦有了凝聚信心的動機，再配合顧客至上的銷售技巧，生意自然蒸蒸日上。

由於研討會的成果斐然，迪士尼連鎖電台因此聘請朗特絲擔任整個電台的銷售部副總。「全國廣播協會」也邀請她到全國大會中，對2,000名聽眾發表一場演講。雖然朗特絲從未有過演講的經驗，但她對自己及所學的技巧都具有無比的信念。

那一天終於到來。她準備了一大堆演講稿，一切都準備就緒。但是當她踏上講台，眩目的燈光卻使她很難看清演講稿。於是她步下講台，依照心中的感想發表演說。聽眾聽的如癡如醉，不斷以掌聲打斷她，並起立向她致意，景象與她心裡所想的完全一致。演講完畢後，她立即受邀前往全國18個城市開辦研討會。

如今，朗特絲已是全國知名的演說家、作家，也是她自己的公司——朗特絲推銷與激勵公司的董事長。她比以往更快樂、更健康、更富裕，也更穩定。她的朋友增多了，心態平和安寧，家庭關係融洽，對未來更是充滿希望。

只要踏出第一步，每一扇門都會為你開啟。但最重要的一點是：信念加上訓練，可使你大幅度成長，成就非凡。動機主要是

指行動，但它就像一把火，需要時時添加燃料。

信念——電台廣播中的保證，使朗特絲付諸行動。而她的經理則以其訓練方式及整套CD激勵她。我們可以說，動機是促使你前進的動力，而習慣才是到達目的地的關鍵。將動機化為習慣，不僅會縮短邁向成功的旅程，也會使旅途增添無窮的樂趣。

10.升起新的太陽

面對人生逆境或困境時所持的信念遠比任何事都來得重要。有些人在歷經了一些挫折失敗後便開始消沉，認為不管做什麼事都不會成功，這種消極的信念蔓延開來讓他覺得無力、無望，甚至於無用。如果你想要成功，想要追求所期望的美夢，就千萬不可以有這樣的信念，因為它會扼殺你的潛能，毀掉你的希望。

在聖路易博覽會的眾多攤位中，有一位先生租了一亭子賣冰淇淋，另有一名男子則租攤位賣熱雞蛋餅。

有一天，雞蛋餅攤位的紙盤用完了，結果，在整個博覽會場裡，竟然沒有人願意把紙盤子賣給他，這使他十分生氣。冰淇淋攤老闆對其同伴的困境，似乎感到幸災樂禍。他說：「我看，你還是來幫我賣冰淇淋吧！」雞蛋餅老闆接受了這項提議。他以折扣價格向冰淇淋攤位買進冰淇淋，再轉手賣出。雞蛋餅老闆希望以出售冰淇淋的低利潤來彌補一部分損失。他最大的困擾，是要如何處理那些剩下的雞蛋餅原料？突然間靈光一現，一個念頭閃過腦中。他以前為什麼沒有想到呢？他確信這樣做一定有效的。

雞蛋餅老闆在妻子的協助下，做了1,000個雞蛋餅，並用一塊鐵片把它們壓扁。然後，趁著雞蛋餅還熱的時候，把這些餅片捲成圓錐狀，底部有個尖端。第二天不到中午，他就把冰淇淋全部

賣完。當然，1,000張雞蛋餅也全賣光了。由於他遭到紙盤用完的挫折，結果反而使他發明了另類的「可麗餅」──「冰淇淋甜筒」！

如果需要是發明之母，那麼挫折便是學習之父。在人們打開心胸，接受新觀念和行事方法之前，無一不是經過挫折和壓力的階段，方能到達成功的峰頂。困難經常意味著優勢或轉機，甚至是隱藏著的好運。

「危機」是由兩個字構成的，其中的「機」就有機會的意思。也就是危險裡面有機會，機會裡面帶有危險。從某一個角度來看，你可以說它是百分之百的危險；但是從另一個角度來看，也可以發現其中蘊藏著步步活棋，有無限的契機在裡頭。

一位學者因誤判學生作文，遭到全學院的恥笑。於是他奮力致學，編成一部300多萬字的大型辭典，名揚四海。很明顯的，當時的傷害經過多年的歲月，反而成為生命的「轉捩點」。

美國詩人哈格析一直在寫些幽默、輕快的詩歌，不過他的本行是從商，而且做得有聲有色，直到1929年發生經濟恐慌。在等待景氣復甦的同時，他決定投資他的嗜好。他替一場表演寫了幾首歌，結果獲得了大大的成功。

他因為做了自己喜歡的事，而功成名就。許多在經濟大恐慌中喪失一切的人，卻創造出他們新的人生。

「失敗」的母體中，孕育有「成功」的胎兒，失之東隅，往往會收之桑榆。成敗之間，關鍵看你的信念如何。

1851年，由加拿大運輸木材至紐約的船舶，嘗試使用一種新搬運法：把木材用鐵鉤錨鎖扣牢成木筏，放置海面曳之而行。不料，海上突起颶風，鐵鉤斷裂，全部木材漂流不知去向。

華盛頓航測局接獲報告後即電請各國航船，注意發現漂流木

材的位置和日期，並做成報告寄來。據發現的位置，有的在大西洋，有的在南洋或地中海，日期或在數星期之後，或數月不等。航測局在精密的統計之下，就木材漂流的蹤跡製成圖表，遂測得海洋潮流的方向，在人類航海史上立下一塊里程碑。

記住，一扇門關上，另一扇門就會打開。正如一位詩人所說：「每個黑夜過後的明天，都將會升起新的太陽。」不是嗎？

一切個人的突破都始於信念的改變，然而我們要怎樣改變舊有的信念呢？

最有效的辦法便是去想舊信念所帶來的莫大痛苦，你必須打心底認識到這個舊信念，不僅在過去及現在都給你痛苦，並且也確信未來仍然會帶給你痛苦；在此同時，你要想到所換成的新信念能帶給你無比的快樂和活力。

我們所做的每一件事，不是為了避開痛苦，就是為了得到快樂，只要我們把任何信念跟足夠的痛苦聯想在一起，那麼便能很容易地改變這個信念。

雷克傑小時候上學時總是認為自己會通不過考試，每當犯錯誤時他便灰心喪氣，把自己認同於失敗，16歲那年，化學普通考試之前6週，老師進行考試登記，預測誰將通過A級或B級考試，當老師來到雷克傑跟前時就說：「你通不過的，你是在浪費時間，你什麼課程都通不過。」雷克傑被老師的話以及侮辱性的得意神情惹惱了，這顯然是發揮了作用。他去書店，買下《自學化學》和一、二、三年級的課本，他花了兩週的時間從基本的原子構成溫習到四年級的教學大綱，然後參加了考試。

結果是雷克傑不僅通過了考試，而且得到了B級證書。在此之前，雷克傑總認為自己會失敗，他早早地就預見到自己不可避免的失敗，常常對別人說自己不相信希望中的事情能夠辦成，相應

地，希望便從來沒有變成現實。

　　他在潛意識裡引導著自己走向失敗。每次預見到的失敗都變成了現實，這進一步使他相信，自己命中註定就要失敗，對此無法改變。

　　直到被診斷得了何傑金病，雷克傑才決定再也不能像以前那樣看待自己。他認識到自己應該對自己的思維方式負全部責任。

　　失敗不是喪失了什麼東西，而是對自我感覺舒適的行為模式的重複。如果問你失敗時感覺如何，你如何回答？你會找個藉口或是發出聽天由命的歎息。你如何為你的失敗辯解？很多人只是對失敗開個玩笑，好像他們真的不在乎失敗。但是對失敗的留意與關注是很重要的，因為對失敗給予足夠的關注，失敗就會變成動力，它會激勵著你做出真正的變化。

　　我們在生活中所做出的任何變化都必須遵循進步的自然規則。這就像學習跑步一樣，我們要先學會爬、站立和走路，沒有什麼捷徑。

課後分析：

◆所有獲得成功的人從自己的切身感受中發現，唯有信念才能左右命運。

◆信念可以激發潛能，也可以毀滅潛能，就看你從哪種角度去認識。

◆信念是力量的源泉，是勝利的基石。

◆強烈的信念能夠激發你的潛能。

第四課

如何擁有超強的信心

Potencecy Exploit

　　信心是成功的祕訣。拿破崙曾經說過：「我成功，是因為我志在成功。」如果沒有這個目標，拿破崙必定沒有毅然的決心與信心，當然成功也就與他無緣。

　　一個人最大的敵人是自己。

　　在這世上，每個人都是獨一無二的，你該相信自己。你所做的事，別人不一定做得來。你之所以為你，必定是有一些特質，而這些特質又是別人無法模仿的。

　　既然別人無法完全模仿你，也不一定做得來你能做得了的事，試想，他們怎麼可能給你更好的意見？他們又怎能取代你的位置，來替你做些什麼呢？所以，這時你不相信自己，又有誰可以相信？

第四課

如何擁有超強的信心

🎋 1.找到自信

每個來到這個世上的人，都是上帝賜給人類的恩寵，上帝造人時即已賦予每個人與眾不同的特質，所以每個人都會以獨特的方式來與他人互動、進而感動別人。要是你不相信的話，不妨想想：有誰的基因會和你完全相同？有誰的個性會和你一毫不差？

基於這種種重要的理由，我們相信：你有權活在這世上，而你存在這世上的目的，是別人無法取代的。

記住！你有權利去相信自己，請放心大膽的去相信吧！

信心對於立志成功者具有重要意義。成功的欲望是創造和擁有財富的泉源。人一旦擁有了這一欲望並經由自我暗示和潛意識的激發後形成一種信心，這種信心就會轉化為一種「積極的感情」。它能夠激發潛意識釋放出無窮的熱情、精力和智慧，進而幫助其獲得巨大的財富與事業上的成就。

信心是一個人心理的建築工程師。信心一旦與思考結合，就能激發潛意識來激勵人們表現出無限的智慧和力量，使每個人的欲望轉化為物質、金錢、事業等方面的有形價值。

你的信心正昏睡不醒，成就的種子如果被喚起而付諸行動，會帶給你極高的成就，那可能是你不曾希望獲得的。就像一個音樂家，能夠觸摸琴弦而發出優美動人的旋律，因此你可能喚起昏

睡在大腦裡的信心，促使你達到你所希望達到的目標。

有這樣一個人，他把全部財產投資在一種小型製造業上。由於世界大戰爆發，他無法取得他的工廠所需要的原料，因此只好宣告破產。

金錢的喪失，使他大為沮喪。於是，他離開妻子兒女，成為一名流浪漢。他對於這些損失無法忘懷，而且愈來愈難過。到最後，甚至想要跳湖自殺。

一個偶然的機會，他看到了一本名為《自信心》的勵志書。這本書給他帶來勇氣和希望，他決定找到這本書的作者，請作者幫助他再度站起來。

當他找到作者，說完他的故事後，那位作者卻對他說：「我已經以極大的興趣聽完了你的故事，我希望我能對你有所幫助，但事實上，我卻絕無能力幫助你。雖然我沒有辦法幫助你，但我可以介紹你去見一個人，他可以協助你東山再起。」

剛說完這幾句話，流浪漢立刻跳了起來，抓住作者的手，說道：「看在老天爺的分上，請帶我去見這個人。」

於是作者把他帶到一面高大的鏡子面前，用手指著鏡子說：「我介紹的就是這個人。在這世界上，只有這個人能夠使你東山再起。除非你坐下來，徹底認識這個人，否則，你只能跳到密西根湖裡。因為在你對這個人做充分的認識之前，對於你自己或這個世界來說，你都將是個沒有任何價值的廢物。」

他朝著鏡子向前走幾步，用手摸摸他長滿鬍鬚的臉孔，對著鏡子裡的人從頭到腳打量了幾分鐘，然後退了幾步，低下頭，開始哭泣起來。

幾天後，作者在街上碰見了這個人，幾乎認不出來了。他的步伐輕快有力，頭抬得高高的。他從頭到腳煥然一新，看來是很

成功的樣子。

「那一天我離開你的辦公室時，還只是一個流浪漢。我對著鏡子找到了我的自信。現在我找到了一份年薪3,000美元的工作。我現在又走上成功之路了。」

「我正要前去告訴你，將來有一天，我還要再去拜訪你一次。我將帶一張支票，簽好字，收款人是你，金額是空白的，由你填上數字。因為你介紹我認識了自己，幸好你要我站在那面大鏡子前，把真正的我指給我看。」

那些從來不曾發現「信心」價值的人，他們的意識中，原來也隱藏了巨大的潛能。世界上，除了信心之外，還有其他的力量能做這樣的事嗎？

2.信心推動潛能發揮

自信是一種無形的品質，不是你吃顆藥就能得到的東西，但它卻可以被開發出來。充滿信心或缺乏信心是我們都能從別人身上辨識出的東西，如果我們對自己夠誠實的話，就知道自己是不是真有自信心。

你的自信心能直接反映出你對自己的態度。你和自己的關係是你所遇到的最重要的一種關係，是你建立其他關係的基礎。說某人沒有自信心，其實就是在暗示他的人格缺陷，缺乏自信是一個阻礙成功的自然弱勢，但自信心是可以獲取的。我們可以開發它，增強它，利用它來創建自己的未來。

信心就是無需任何確證就相信某種事物的能力。信心的基礎是相信自己，正面的、肯定的經驗強化了這一點。

1996年歐洲盃時，英格蘭足球隊與蘇格蘭隊對陣，多年沒參

加比賽的蘇格蘭人來到溫布利球場挑戰「宿敵」。他們一心要取勝，英格蘭隊則誓不言敗。英格蘭隊不被媒體看好，大量的負面報導使人感覺他們的自信心沒辦法不處於最低點。

比賽開始了，蘇格蘭人一如既往，帶著澎湃的熱情作戰。英格蘭隊防守不錯。接著蘇格蘭隊得到一次罰球機會，但他們錯過了。上半場快結束時，在球場的另一端，保羅‧加斯科因凌空飛起一腳，球越過一名蘇格蘭後衛，飛入球網。

這一入球立即激發了全體隊員的士氣，有如一道曙光照到英格蘭隊員身上，每個隊員都表現出對他們團體能力的自信。甚至能看出他們發生的變化：他們的身高好像又長出了1英寸。他們的自信，他們對自己能力的信心完全覺醒了。正如後來證明的那樣，他們取得了比賽的勝利。在下一輪中他們戰勝了荷蘭隊，接著又憑藉罰球打敗了西班牙隊。然後，在半決賽中他們遇到了世界上公認的比任何對手的自信心都更勝一籌的德國隊。

德國隊比賽進了一個球後做的是什麼呢？他們擁抱在一起，觀察局勢，決定再進兩個球，結果比賽打成了平局。當比賽發展到必須罰球決勝負時，有任何一個英格蘭球迷敢相信德國人的腳會待在地上紋絲不動嗎？在殘酷的決鬥中他們能失足嗎？或者他們踢出的球太高，越過了橫樑？不會的——這些結果都是無法想像的，因為多年的經驗告訴我們，德國人開發出的那種超級自信將影響他們的行為。德國隊中的每一名球員都相信他們會贏。

自信使一切都不同。有這樣一個男人，他60年代在英國皇家海軍當過7年的深海潛水夫。

有人問他：潛到水下200英尺深，只戴一頂舊頭盔，與海面只有一根氧氣管相連，他是否曾有過恐懼。

「沒有，」他答道，「我受過緊急情況的訓練。」他說這話

時非常自信，顯然訓練已經把他可能會產生的任何恐懼都消磨掉了，並使他對自己的安全產生了絕對的信心。

在實現理想的道路上會有很多障礙，我們必須樹立信心去克服它們。

兒童有著驚人的自信，你注意過那些演講的孩子嗎？他們能無畏地站在一屋子陌生人面前，因為他們還沒學會畏懼。他們並不在意別人怎麼看。他們對自己的評價頗高，幾乎沒有負面的評價。當然，充分的自信和致命的傲慢之間是有差異的，必須劃清它們的界線。

開發自信心有法可依，解決這個問題的關鍵在於制訂並實現一些小的目標。在實現「小目標」的過程中，「我能做到」的自信會在你內心深處紮根。這有助於鍛造你的自我形象，使你感覺到並真正明白你可以控制局面。

人們常說「一事成功萬事成」。的確，成功帶來的自信具有自我持久性，我相信你有能力把自信提高到成功所要求的高度。

🌸 3.相信自己能行，你就能行

亨利‧福特說：「如果你認為自己行或不行，你常常是正確的。」

當你回首往事時，發現做成的事情都是認為自己能做好的事情，你覺得不會發生的事就從來也沒發生過。為什麼這樣呢？因為當我們在頭腦中設計了未來的結果時，我們的潛意識就會朝那個方向努力，通常在我們還未知覺的情況下，潛意識已經悄悄滿足了自己的願望。

所以當你覺得自己能行時，你就會產生積極的意識，一種成

功的意識。如果你覺得自己不行，你就會產生消極意識，一種失敗意識。

看看那些信心十足，相信自己會成功的人吧。他們相信——不，應該是確信——自己能取得輝煌的成就。

1954年羅傑·巴尼斯特超乎所有人的想像，跑出了以前人們認為不可能的速度。自從他完成這一突破，有二萬多人緊隨其後進行嘗試。他不僅打破了紀錄，還打破了關於極限的信念，許多人曾把這一信念當成「事實」。

在經歷了無數次失敗後，1953年人們終於征服了喜馬拉雅山。現在人們經常攀登這座山，如果你有嚮導，又付得起價錢，一切都會如願以償，你會攀登到峰頂的。但別以為你必須得真去攀登喜馬拉雅山：我們都有自己的喜馬拉雅山要攀登，你知道你自己是什麼。確定好這個目標，準備攀登吧。

傑克遜9歲時住在一間搖搖晃晃的大屋子裡，屋子附帶一個能裝3輛車的車庫，裡面裝滿了多年來積攢的廢物。

有一天，天下著雨，傑克遜沒事可做，媽媽建議他去把車庫清理乾淨。傑克遜走進去望了一眼：裡面的雜物太多，幾乎連一輛車也放不下。他開始整理、掃地，甚至還在旁邊生了一堆火。四五個小時過去了，傑克遜還是沒有理出一點頭緒，而且還筋疲力盡。這時他父親來了，問他做得怎麼樣了。

傑克遜的母親說：「不賴。傑克遜會把它弄好的，因為每次他說他要做什麼事時，總會做好的。」

這也許是傑克遜母親施展的巧妙的心理戰術，但這對他的影響實在太大了。

在傑克遜的一生中，這件事成了一個經典範例。不管開始做什麼，傑克遜都會善始善終，無論是旅行、馬拉松比賽還是一間

需要清理的車庫，他都會這樣做的。他對自己的耐力有著絕對的自信，一旦向某事挑戰，就會堅持到底。

當我們面對新的挑戰或新的目標時，需要絕對相信自己能做好，能完成它們。但即便我們盡了全力，並保持絕對的自信，有時也難免會擔心和害怕。

一個知名的電視明星，每次演出前都緊張得要命。他經受的痛苦是很多演藝界人士都有的，只不過他格外嚴重一些罷了。

每天晚上這個節目的製作人都得聽他沒完沒了地嘮叨說「今晚我知道一定會演砸了」，「就在今晚，他們會發現我根本一點才華都沒有」等消極的話。但只要一接近播出時間，這位表演者就恢復了常態，走上舞台，開始表演令觀眾叫絕的節目了。

自我懷疑是自然的事，對一個20年來一直處在事業高峰的人來說也是一樣。但關鍵是要把這種懷疑轉化成一種自信。明白每個人都有這種時候，不害怕它們，不讓它們毀了自己。

那麼就超越你的自我懷疑吧！明確地朝目標邁進，清醒地意識到在改變過程中，這些實際體驗是成功道路上不可缺少的一部分。

難道沒人想過「如果證明我自己是個傻子怎麼辦？」或者「如果失敗了怎麼辦？」這樣的問題嗎？別讓消極的念頭干擾自己，對事物抱有積極態度和堅定信心，你就一定能克服困難。

當你準備實現一項個人目標時，你會很自然地問自己：「怎樣才能確保成功？」答案就是，你永遠不能百分之百地肯定自己能成功。你也許還會問自己：「我怎樣確切知道自己會失敗？」事實上，生活中沒有確定的事情。失敗和成功都是你腦子裡存在的思想，你選擇的那一個將佔上風並產生決定性的作用。

我們之中有很多人在面對未知事物時都會被自己的失敗經歷

所左右：「噢，我永遠也學不會那個」，或者是「申請那個工作根本就不可能，我永遠不會得到它。」千萬別讓自我懷疑毀了你自己。持自信的態度，相信你能成功，你就會自動地朝那個方向發展。

4.究竟有多壞

魯賓為俄亥俄州克利夫蘭的一家電視台銷售廣告時段。作為進入這行的生手，魯賓接下的是最難的工作——這也是電視台的慣例。更糟的是，魯賓面對的是那些由於種種特殊原因而停止購買廣告時段的客戶。

魯賓一家一家客戶去跑，找遍了卡片上記載的所有公司，但結果令人十分沮喪。幾天過去了，魯賓沒有做成一筆買賣。魯賓幾乎打算放棄這項工作，但他沒有那麼做。後來，在一天早晨的銷售例會上，銷售經理宣布晚上11點的天氣預報時段也公開出售。魯賓意識到這段時間在電視播放時段中是比較有影響力的，而且不少客戶都願意購買當地的廣告時段。

「這就是我必須集中精力要做的，「魯賓自言自語地說，」我要推銷晚上11點這個時段。」

離開會議室後，魯賓仔細研究了一下卡片，終於看到了一位以前的客戶里茲。卡片上記得非常清楚，他已經5年沒有購買過電視台的廣告時段，而且也記著好幾個同他聯繫過的銷售代表的評價。第一個寫道：「里茲恨我們的電視台」，另一個寫道：「拒絕在電話裡和電視台銷售代表談話」，第三個寫的是：「這人是個混蛋」。其他銷售代表的評價更加激起魯賓成功的欲望，他說：

「這人究竟能有多壞？如果我做成了這筆生意，那該是多令人驕傲的事。行，我就必須與他做成買賣。」

工廠在鎮的另一邊，魯賓花了近半個小時才到那兒，一路上，他都在為自己打氣：「他以前曾在我們電視台購買過廣告時間，因此我也可以讓他再買一次。」魯賓不停地說：「我知道我將與他達成買賣協定，我知道，我知道……」

當魯賓走到大樓時，突然又想到：「如果我沒有成功那會怎樣呢？」他拿出卡片仔細看了足有10分鐘之久，然後他想：「他可能比我想像的還要壞。我來這兒幹什麼？我不應該來的。」

可是，魯賓又想：「我開了那麼長時間的車到這兒來，可不是為了害怕下車。不要做個懦夫，魯賓，進去吧。最糟糕的狀況也只是被扔出去罷了。他這麼做又有什麼用呢？我又會失去什麼？」

最終，魯賓打起精神，下了車，走向大樓的主通道，裡頭很暗，他按了一下門鈴，沒人應。「太好了，」魯賓想，「我以後可以再也不來這兒了。」突然，魯賓看見有一個個頭高大的人穿過大廳走來，他知道是里茲來了，因為卡片清楚地記錄著，他是個異常高大的人。

魯賓的第一反應是掉頭跑回車裡去，但為時已晚，里茲已經低頭開門了。他穿著牛仔褲和T恤衫，而魯賓則穿著襯衫。「嗨？你好，」魯賓努力保持平靜的聲音，「我是WJW電視台的愛德華·魯賓。」

「滾開！」里茲大叫起來。看上去他異常氣憤，額頭上青筋突起。

魯賓鼓起勇氣說：「不，等等，我是公司的新職員，我希望您能撥出5分鐘來幫幫我。」

里茲推開門，走向大廳，並讓魯賓隨他過去。魯賓跟著他來到辦公室。

里茲在桌後坐下便開始咆哮。他說，電視台對他公司的報導是如何如何的糟糕和低劣。他還說其他的銷售人員之所以讓他憤怒，是因為他們從不做到他們承諾過的事。

「您看一下這張卡片，」魯賓對他說，「這是他們對您的評價。」

里茲憤怒地瞪著卡片，一言不發。

他們誰也不說一句話。這時，魯賓打破冷場：「您看，不管以前發生過些什麼，不管您如何看待他們，還是他們如何評價您，現在唯一重要的是，晚上11點的天氣預報廣告時段公開銷售了，那是一個黃金時段，如果您買的話，對您的生意將大有裨益，我發誓我會做得非常不錯，我不會令您失望的。」

「好吧，但願你這個新手別跟以前那些人學。」里茲說，「價錢多少？」

魯賓給他報了一個價，他看後說：「行，魯賓，就這樣達成協定吧。」

當魯賓回到電視台將訂單給其他銷售代表看時，他們都覺得不可思議。

如果一個人沒有信心，就什麼樣的行動都拿不出來，從而不想改變自己的生活環境，也不想去幫助其他的人。你已擁有控制自己思想、感受和行為的能力，為什麼不拿出積極的作為來呢？

眼睛不要只盯著事情的問題面來看，要去找出它的原因。今天所做的任何不起眼的決定，都會影響到我們未來的命運。一切的決定都會有其結果，若是不自己做主，而任由別人或環境來為我們做主，或者是連想都不想所做決定的後果，便貿然採取行

動，那麼很可能就會愚蠢地釀成滔天大禍。

　　人生乃是不斷的累積。在我們人生中所碰上的各樣結果，事實上都是無數小小決定累積而成，那可能是你個人的決定，也可能是你的家庭、你居住的社區、你生活的社會，乃至於你所屬的國家所做的決定。

　　一個人的成功或失敗，絕不是因為他做出了石破天驚的大決定，而是在於他每天所做的小小決定，以及根據這個決定所拿出來的行動。

　　若是想扭轉自己的人生，若是想跟自然界和平地相處，那麼就得有信心，都得每天做出決定、拿出行動並確實承擔起應盡的責任。

🐝 5.信心的來源

　　許多人以為，信心的有無是天生的，不變的。其實並非如此。

　　一個人真有性格，就會有信心，就會有勇氣。

　　大音樂家華格納遭受同時代人的批評攻擊，但他對自己的作品有信心，終於戰勝世人。

　　黃熱病流傳許多世紀，死的人不計其數。但是一小組醫藥人員相信可以征服它，在古巴埋頭研究，終告勝利。

　　達爾文在一個英國小園中工作20年，有時成功，有時失敗，但他鍥而不舍，因為他自信已經找到線索，結果終得成功。

　　由此可見，信心的力量驚人，它能改變惡劣的現狀，造成令人難以相信的圓滿結局。充滿信心的人永遠擊不倒，他們是人生的勝利者。

　　人人都有不同程度的自卑感。人們都敏銳地意識到，人類現有的條件與現處的地位急需大大地改進，而且改進的欲望又是無止境的。但人類又不可能超越宇宙的博大與永恆，也無法擺脫自然法則的制約與懲罰，也許這就是人類自卑的根源。

　　人的自卑感是一種消極的自我評價或自我意識，即個人認為自己在某些方面不如他人而產生的消極情感。自卑感本身就是個人將自己的能力、品質等評價偏低或過低的一種消極的自我認識。

　　凡具有自卑感的人，總認為自己事事不如人，自慚形穢，喪失信心與勇氣，悲觀失望，不思進取。這種人的精神生活受到嚴重束縛，聰明才智及創造力也會因此受到影響而無法正常發揮作用。可見自卑是束縛人的創造力的一條繩索，是可惡的禍源。

　　個人對自己的認識往往與外部環境對他的態度與評價緊密相關，但其最終的形成還要受到個人的生理狀況、能力、性格、價值取向、思維方式及生活經歷等個人因素的影響，尤其是其童年經歷的影響。

　　世界上，面面俱到的優秀人物、強者應與自卑無緣，但問題是，還沒有一個人會在生理、心理、知識、能力，乃至生活的各個方面都是優秀者、強者。從這個角度出發看待人，就會自然而然地發現，天下無人不自卑，只是自卑的表現形式與程度不同罷了。

　　著名影星席維斯·史特龍的父親是一個賭徒，母親是一個酒鬼。父親賭輸了，又打老婆又打他。母親喝醉了也拿他出氣發洩。他在拳腳交加的家庭暴力中長大，常常是鼻青臉腫，皮開肉綻。因此，他長相很不出色，學習也不好。高中輟學，便在街頭當混混。

　　直到他20歲的時候，一件偶然的事刺激了他，使他醒悟反思：「不能，不能這樣做。如果這樣下去，我和自己的父母豈不是一樣了嗎？不行，我一定要成功？」

　　史特龍下定決心，要走一條與父母迥然不同的路，活出自我來。但是做什麼呢？他長時間思索著。從政，可能性幾乎為零。進大企業去發展，學歷和文憑是目前不可踰越的高山。經商，又沒有本錢……

　　他想到了當演員——當演員不需要過去的清名，不需要文憑，更不需要本錢，而一旦成功，卻可以名利雙收。但是他顯然不具備演員的條件，單長相就很難使人有信心，又沒有接受過任何專業訓練，沒有經驗，也無「天賦」的跡象。

　　然而，「一定要成功」的驅動力，促使他認為，這是他今生今世唯一出頭的機會，最後的成功可能。絕不放棄，一定要成功？

　　於是，史特龍來到好萊塢，找明星、找導演、找製片……找一切可能使他成為演員的人，四處哀求：「給我一次機會吧，我要當演員，我一定能成功！」

　　他一次又一次被拒絕了。但他並不氣餒，每被拒絕一次，就認真反省、檢討、學習一次。一定要成功，癡心不改，又去找人……不幸得很，兩年一晃眼過去了，錢花光了，便在好萊塢打工，做些粗重的零活。兩年來他遭受到1,000多次拒絕。

　　史特龍暗自垂淚，痛哭失聲。難道真的沒有希望了嗎，難道賭徒、酒鬼的兒子就只能做賭徒、酒鬼嗎？不行，我一定要成功？

　　既然不能直接成功，能否換一個方法。他想出了一個「迂迴前進」的思維：先寫劇本，待劇本被導演看中後，再要求當演

員。幸好現在的他，已經不是剛來時的門外漢了。兩年多的耳濡目染，每一次拒絕都是一次口傳心授，一次學習，一次進步。因此，他已經具備了寫電影劇本的基礎知識。

一年後，劇本寫出來了，史特龍遍訪各位導演，「這個劇本怎麼樣，讓我當男主角吧？」普遍的反應都是，劇本還可以，但讓他當男主角，簡直是天大的玩笑。他再一次被拒絕了。

他不斷對自己說：「我一定要成功，也許下一次就行，再下一次，再下一次……」

在他一共遭到1,300多次拒絕後的一天，一個曾拒絕過他20多次的導演被他的精神所感動，答應給他一次機會。

為了這一刻，史泰龍已經做了3年多的準備，終於可以一試身手。機會來之不易，他不敢有絲毫懈怠，全身心投入。

第一集電視劇創下了當時全美最高收視紀錄——他成功了！

史特龍的成功，源於他的堅定的信心和不屈不撓的奮鬥精神。正是自信，促使他勇於面對一次次拒絕，正是自信，促使他改變方式，走向成功！

✿ 6.恐懼是信心的敵人

當你感到恐懼的時候，朋友們常會好意地安慰你說：「不要擔心，那只是你的幻想，沒有什麼可怕的。」

「那只是你的幻想」的老式療法是假定恐懼根本不存在。然而，恐懼並不是幻想，而是真實的。在我們克服它以前，先要承認它的存在。

但是你我都知道這種治療恐懼的藥方根本發揮不了什麼作用。這種安慰可能會暫時解除你的恐懼，但並不能真正地幫你建

立信心，治療恐懼。

恐懼是信心的敵人。恐懼會阻止人利用機會。恐懼會耗損精力、破壞身體器官的功能，抑制潛能，恐懼使人游移不定、缺乏信心，恐懼確實是一股強大的力量，它會用各種方式阻止人們從生命中獲得他們想要的事物。

生命有如無限豐富而又深不可測的大海，你生活在這大海之中，你的潛意識對你的想法極為敏感。如果你能夠運用你心智的定律，以平和代替痛苦，以信心代替畏懼，以成功代替失敗，當然就再沒有任何比這些更美好的結果了。

偉大的歌劇男高音卡羅素，有一次感染上對舞台的恐懼症。由於強烈的恐懼，他喉嚨的肌肉緊縮，因而發不出聲音來。

由於只有幾分鐘的時間就要登台了，他汗流滿面，極為羞愧，甚至還因為恐懼和驚惶，而全身顫抖。

他說：「我不能唱了，他們會譏笑我。」於是他不斷地對自己說：「我要唱歌了！我要唱歌了！」

到該他登台的時候，他走上了舞台，唱出悅耳而優美的歌聲，迷住了所有的聽眾。

當你的意識裡充滿了畏懼、煩惱和憂慮，消極、否定的情緒就會散發出來，以驚慌、恐懼和絕望的感覺淹沒你的意識。如果有這種情況發生，你可以像卡羅素一樣以堅定和權威的態度對你的潛意識說：「你給我安靜一點，不要再囉嗦。我掌管一切，你必須服從我，你要聽我的指揮，你不可以闖入你的禁地來。」

恐懼多半是心理作用。煩惱、緊張、困窘、恐慌都是起因於消極的想像。但是僅知恐懼的病因並不能根除恐懼。正如醫生發現你身體的某部分受感染，不會就此放棄，而是進一步去治療。有效的治療必須對症下藥。

　　首先，你要有一個這樣的認識：信心完全是訓練出來的，不是天生就有的。你所認識的那些能克服憂慮、無論何時何地都泰然自若、充滿信心的人，全都是磨練出來的。

　　使你敞開胸懷擁抱信心的一項重要工作，就是要驅除你心中的恐懼感，我們通常感受到的恐懼有許多種：貧窮、批評、疾病、失去愛、年老、失去自由、死亡等等。

　　人總會時不時地感到恐懼，擔心本身是一種很自然的反應，我們的祖先就是靠這個逃脫了毛茸茸的狗熊和長著獠牙的老虎的追殺。但是恐懼的時間一旦被延長，變成長期焦慮的話，那就是一種缺乏活力的表現了。它令人沒有自信，使人對未來感到害怕。對未來感到恐懼還會使人麻痺，因為你不知未來是什麼樣的。你要忘記的是存在於頭腦中那種害怕的感覺。用這樣的方式思考：是你把它們擱在那兒的，你培育了它們，現在你要把它們清除出自己的記憶了。你能夠克服這些恐懼，現在就可以開始做。

🐝 7.焦慮破壞自信

　　人們向上帝祈禱時常說這樣一句話：「保護我們遠離所有的焦慮。」但如果你不好好對待並處理好這個問題的話，它將最終控制你，使你陷入毫無意義的自憐自怨中，甚至還可能陷入絕望。

　　如果一直為驚懼所苦，但又不知原因所在，那麼它會毀了你的生活。確實有很多人莫名其妙地感到煩惱，但他們自己卻不知道原因何在。事實是因為他們為擔憂而擔憂，或者為可能會有的痛苦而擔憂。這種體驗一直困擾著你，甚至你並不真感到焦慮

時，你也在為它擔心。

把這些消極的念頭拋在腦後吧！想一想這些焦慮的感情佔用了你多少精力，如果這些精力被用在實現積極的、對生命有益的事情上該有多好。

偶爾的擔心和自我懷疑是自然而有益的。在找一份新的工作或第一次約會時，一定程度的擔心將增加人的警覺性。但如果有人對你說你將有不好的事情發生——你將得不到這份工作或這次約會將是個悲劇——你就會極度緊張，進而發展成為焦慮。一旦焦慮破壞了我們的自信，它就會變成一股有麻醉作用的力量。

西格爾患病時，自己開車到市裡的皇家馬斯頓醫院檢查。他被安置在一間能容納4張床的小房間裡，睡在靠窗的一張床上。

手術的前一夜，一個朋友和他的父親出乎意料地來看望西格爾，接著西格爾的幾個家人也來了。

但8點鐘時只剩下西格爾一個人了。月光傾瀉下來，西格爾極力想入睡，但不知為什麼，他心事重重。

午夜時分，急救人員送進一位躺在擔架上的男人，把他安置在西格爾身邊的床上。那個男人戴著氧氣面罩，儘管當時是12月中旬，他卻埋怨天氣很熱。西格爾提議和他換床，讓他靠窗子睡，還告訴護士說如果開窗能讓他好受一點，自己是不會介意的。護士說，那是不可能的，但他還是向西格爾道了謝。

那個男人大約35歲，臉上有腫塊，顯然病得很重。他得癌症已經兩年了，但好像沒辦法阻止癌症的擴散。他渾身都是腫塊，曾全身換過血，現在他正在進行電磁波療法——一次最後的嘗試。

不久，西格爾被送去動手術了，接著在加護病房待了兩天半。回到原來那間病房時，那個男人已經不在了。

西格爾剛一能下床就開始尋找那個男人。他身上不同部位插著很多管子，沿著走廊慢慢挪動，看上去就像《科學怪人》裡的怪物。西格爾偶然望進一間單人病房，看到那個男人正坐在一把扶手椅裡。他看上去精神很好，他向西格爾笑了笑，以極平常的語氣說醫生已經告訴他，他們想不出別的辦法幫他了。

屋裡有他的妻子、孩子，還有一些是他親近的朋友和親戚。他們之中的一些人顯然很沮喪。

西格爾不知說什麼好，就解開自己的睡衣，給他看身上的傷疤：「看看他們都對我做了什麼，多麼嚇人。」然後西格爾相當難堪地沉默了，因為他知道自己的痛苦無法和對方相比。

那個男人平靜地望著西格爾，說：「我希望你的病能治好。我希望你能戰勝癌症，因為癌症打垮了我。我希望你能平了這紀錄或者打破一項紀錄。祝你一切都好。」

「別擔心——我會的。」

西格爾離開了房間，非常沮喪，非常難過。只是到了那時他才了解到，他再也不會像以前那樣為自己的健康與未來如此擔憂了。

我們的焦慮大多來自未來可能發生的事，也就是那些現在還不存在的事。如果你現在欠地下錢莊的錢或是被人追殺，我相信你的擔憂是有理由的。

一旦你為某事困擾，自己幫助自己吧。讀書、尋求建議、找朋友傾訴。這是明白處境並克服它的開始，你會把它拋開的，一次是這樣，以後永遠都能這樣。

驅除焦慮最好的方法，就是不要去理會它。因為如果你老是想著這些焦慮，他們就會陰魂不散地一直縈繞在你的腦海裡。許多人一直想著他們不希望發生的事情，但往往這些事情就會發

生。

何不把這些你不想發生的事情拋諸九霄雲外？同時，也把你的心靈空間，留給那些你希望發生的事呢？

你應該學習使你的心神集中在你想做的事情上。當你的內心浮現出明確的目標時，就是你開始產生信心的時刻。當你培養出信心時，就能夠召喚出無窮智慧來幫助你，實現你的明確目標。

只有在你運用信心時，你才有發揮的機會，這就好像你無法在不用肌肉的情況下，要求發展肌肉，或者不想投資但又要求增加資本一樣。百折不撓的行動，加上明確目標的導航，必然會使你產生信心。

✱ 8.重回孩提時代

任何接觸過正式或非正式宗教的人，都非常清楚其教徒信仰之虔誠，實現未來的夢想所需的信心來自你對自我的信仰。如果你很自信，帶著信仰，你就能發揮自己的潛力。

那些阻礙你前進的消極念頭大多來自你過去的經歷，它們是你過去行為學習的結果——你也可以不向它們學習。然而，你若認為僅僅將它們丟到腦後，就可以在沒有穩固基礎的情況下輕鬆建立另一套行為模式的念頭是不對的。

對自己能力的信心和你的基本價值觀應該和諧一致，這使你獲得持久的成功、快樂與滿足感至關重要，而你的基本價值觀是你得以進行自我評判的道德與精神標準。

如果你和它們作對，實際上就是在與你自己作對。

很有必要問自己這樣幾個不太哲學化的問題：「我是誰？」「我想從生活中得到什麼？」「我信仰什麼？」「我相信自己能

取得什麼樣的成就？」

如果這樣對自己進行提問，你的自信就會被開發出來。公司利用「使命陳述」的方式幫助樹立自我信念，幾乎每一個大公司都在年度報告中印上「使命陳述」（公司宗旨），清楚地表明自己的價值。這表明公司知道自己的目標是什麼，知道它要的是什麼，如何去實現它。無論是一家小規模的日用品公司，還是一家大型電信公司都是一樣的——「使命陳述」的方式界定了公司的價值體系。

那麼你的個人使命是什麼？價值觀又是什麼？

通往成功的道路不會是一帆風順，且在每個路口都有清楚指標的坦途。它有時是平坦的公路，然後拐一個彎，接著是雲霧繚繞的山路。突然，你迷路了，覺得自己從未這樣脆弱過。但就是在這種情況下，你的決心、想像力和對自己不變的信心，幫助你度過了難關。

相信自己、相信自己的價值永遠會為你指明方向，即使是在最黑暗的時刻，也能幫你找到最正確的道路。

孩提時代，我們不帶任何偏見，沒有任何外在力量會限制我們的發展，我們生來就是為了成功、為了活下去而去面對自然災難的。我們天生以一種自信的氣勢進入這個社會。

我們生來就有想像力、有那麼一股自信，認為自己是數不盡的冒險故事中的英雄。一旦這種想像和自信受到鼓勵，任何事情都可能發生；然而，如果它們被忽略的話，孩子就被毀了。

如果孩子的想像力得不到發展，如果他們生來就有的自信得不到滋養，他們的記憶裡就不再有個人的成功，也不再有個人的細心。我們見過關於羅馬尼亞孤兒院的悲慘影片，也見過第三世界孩童受飢捱餓的場景，那裡的孩子們無人照料，沒有鼓勵、沒

有愛。

令人高興的是，我們之中的絕大多數人在孩提時代都有成功的記憶，雖然它們已經被嚴重毀壞，但仍然一直伴隨著我們。隨著年齡的增長，我們似乎遺忘了這種優良的特質，而它們在我們還是孩子時曾鼓勵我們成功。

讓自己重回孩提時代吧！擺脫疑慮，相信任何事情都是可能成功的。

當孩子為自己設定目標時，他也許有過先前的經驗或知道自己能成功，他就是相信自己能做得到，不管那個目標是什麼。

他所依賴的資源是想像力和決心。你現在仍然具有那種想像力，雖然有時需要深入挖掘自己的決心，但你仍然擁有它。就像孩子在讚美與成功的經驗中培養自己的自信一樣，你也能做到。

將這件事放入你近期的目標規劃中吧！對自己的個人成績保持良好的感覺，如果你成功完成了一件事，就悄悄地對自己說一聲：「做得好！」

有一個美國旅行者在蘇格蘭北部過節，他詢問坐在圍牆上的老人道：

「明天天氣如何？」

老人回答：「是我喜歡的天氣。」

旅行者又問：「會出太陽嗎？」

「我不知道」老人回答道。

「那麼，會下雨嗎？」

「我不想知道。」

這時旅行者已經完全被老人弄糊塗了，他說：「好吧！如果是你喜歡的那種天氣的話，那會是什麼天氣呢？」

老人看著美國人說：「很久以前我就知道自己沒辦法控制天

氣了,所以不管天氣如何,我都會喜歡它。」

別為你無法控制的事情煩惱,你有能力決定自己對事情的態度,如果你不控制它們,它們就會反過來控制你。

因此,別把牛奶灑了當作生死大事來對待,也別為漏了氣的輪胎苦惱萬分:它們已經發生了,它們就是你的挫折,但它們只是小挫折,每個人都會遇到,你對它們的態度才是最重要的。

不管你此時想取得什麼樣的成就,是創建公司還是為好友準備一頓簡單的晚餐,事情都有可能被搞砸,預先將這些失敗考慮在內吧!否則的話,它會毀了你取勝的信心。什麼事情發生在你的身上並不重要,重要的是你如何對待它!

❀ 9.做自己的教練

1985年,17歲的鮑里斯·貝克爾作為非種子選手贏得溫布頓網球公開賽冠軍,震驚了全世界。一年後,他捲土重來,再度衛冕。

又過了一年,溫布頓網球公開賽的第二輪中,19歲的他輸給了一位名不見經傳的選手,被淘汰出局。

在後來的新聞發布會上,人們問他有何感受,他以那個年齡少有的機智答道:「你們看,沒人死去——我只不過是輸了一場網球賽而已。」

他的看法是正確的:這只不過是一場比賽。當然,這是溫布頓網球公開賽,獎金很豐厚,但這不是生死攸關的大事。

有一次,羅賓對某事非常擔憂,有一個朋友問他:「羅賓,一年前的你在擔心什麼呢?」

羅賓望著他,感到十分迷惑地說:「我不記得了,怎麼了

嗎？」「是這樣的，」他的朋友說：「一年後的今天你也不會記得這件事。」

請你也試著問自己相同的問題：想想看，一年前的今天你在為什麼事情擔心？你真的能夠回憶得起來嗎？很可能不會。

如果你發生了某件不幸的事情——愛情受阻，或工作業績不佳，或是銀行突然要你還清借款——你就能夠用這個經驗來應對它們。

你可以把它們記在心裡，下定決心在餘生中絕不將它們遺忘，就好像帶著一件沒有用處的行李，然而，如果你真的要保留這些不愉快的回憶，記住它們帶給你的痛苦情緒，並讓它們影響你的自我意識的話，你就會阻礙自己的發展。

選擇權在你：只把壞事當作經驗教訓，將其拋諸腦後吧！換句話說，即丟掉包袱。

麗娜是個很不快樂的女人，這麼多年來，她從未笑過。事實上，她是個非常痛苦的女人。

原來，在她還是年輕少女的時候，有一次她想和朋友一起去跳舞，但她父親卻命令她留在家裡照顧弟弟。就在那一天，她決定再也不讓自己高興起來，這是她懲罰父親的辦法，證明他使她非常悲傷。這麼多年過去了，那一夜的記憶已經變成了現實：它們成為她在餘生中一直攜帶著的包袱，她所擁有的只是她的苦澀。

甩掉包袱是非常重要的，因為如果你不這樣做，不從生活中吸取教訓的話，生活將會還給你更苦澀的教訓，直到你獲得正確的訊息——或著永遠都不能，就像麗娜那樣。

另外，做好吃苦頭的準備，那麼當挫折出現時，至少你已經有了心理準備。如果你真的遇到了挫折，往好處想吧！個人的不

幸也許會有個快樂的結局。當另一椿不幸襲來時，從中汲取力量
吧！提醒自己記住，壞事的結局未必很糟糕。

有一天，一位非常固執的病人在沒有處方的情況下請庫埃醫
師開一副藥。

庫埃在確定他不會將藥給別人後，給他開了一副其實只是糖
球的藥，並且告訴他這種藥甚至比他想要的那一種藥效果更好。

幾天後，這個病人再次前來，充滿了感激之情，說他的病全
好了，感覺很棒。

庫埃意識到單憑患者正面的自我暗示就能治癒急病後，就開
始研究利用樂觀情緒治療疾病的方法——建立在他不必開出作為
安慰劑的糖球的基礎上。在這個過程中，他發明了現在已廣為人
知的方法來幫助那些恢復健康的人：每天要大聲說20遍「每天我
的身體都可以變得更健康一點！」

大腦相信的事會深深印在潛意識裡，每天重複「每天我的身
體都可以變得更健康一點！」會加強病人康復的信心。

教練很擅長把樂觀積極的觀念灌輸到與他們一起工作的人身
上，所以你為什麼不做你自己的教練呢？如果你有教練的話，在
面臨挑戰、需要跨越障礙，甚至是完成某項任務時，回想一下他
是怎麼說的。他會說什麼呢？如果你沒有教練的話，你就自己對
自己說，試著自己鼓勵自己。

保羅是一位扁平足的馬拉松選手，在一場全程3英里的馬拉松
比賽中，他在快跑完2英里時竟然摔倒了，大部分的選手因此超越
他，並且跑進終點。跑道是1英里一圈，面對著最後一圈，後面僅
剩下一、二個人，保羅內心不禁充滿了沮喪，他甚至閃過放棄比
賽的念頭，但最終卻堅持跑完了全程。為什麼？

只因為當他跑過每個示位員時，他們都向他拍手鼓掌以示鼓

勵，或喊幾句鼓勵他不放棄的話，這些掌聲和話語的確產生了作用，保羅的步伐變得輕快起來，他堅持到了終點。

用自己的成功來鼓勵自己，把自己的成功經歷牢牢記在心中，在面臨新的挑戰時，就回憶一下這些記憶。既然你能夠鼓勵自己，自己做自己的教練，為什麼不為自己的家人和朋友做同樣的事情呢？

🐝 **10.建立自信的具體方法**

對於個人，有堅強的自信，往往可以使得平庸的男女能夠成就神奇的事業，成就那些雖然天分高、能力強卻又疑慮與膽小的人所不敢嘗試的事業。

在這世界上，有許多人，他們總以為別人所有的種種幸福是不屬於他們的，以為他們是不配有的，以為他們不能與那些命運好的人相提並論。然而他們不明白，這樣的自卑自抑、自我抹殺，將會大大減弱自己的生命，也同樣大大減少自己成功的機會。

關於如何使自己擁有自信的問題，下面列舉了任何人都容易做到的五大訣竅。有相當多的人已經嘗試過這些訣竅，且表示獲致相當的成效。現在就讓我們看看這些訣竅，相信你也會從中確立對自己的信心，並開始萌生一股新生的力量：

1.在心中描繪一幅希望自己達成的成功藍圖，然後不斷地強化這種印象，使它不致隨著歲月流逝而消褪模糊。不熱烈、堅強地企盼成功而取得成功的，天下絕無此理。此外，相當重要的一點是，切莫設想失敗，亦不可懷疑此藍圖實現的可能性。因為懷疑將會對實行構成危險性的障礙。

　　當你心中出現懷疑本身力量的消極想法時，要驅逐這種想法，必須設法發掘積極的想法。

　　有許多人往往這樣認為：世界上種種美好的東西，與自己是沒有關係的。人生中種種善的、美的東西，只是那些幸運寵兒所獨享的，對於自己則是一種禁果。他們沉迷於自以為卑微的信念中，所以他們的一生，自然要卑微以歿世。除非他們一朝醒悟，敢於抬頭要求「優越」。世間有不少可以成就大事，但結果卻老死牖下、默度其渺小一生的男女，就因為他們對於自己的期待、要求太小的緣故。

　　有一次，一個兵士從前線歸來，將戰報遞呈給拿破崙。因為路上趕得太急促，所以他的坐騎在還沒有到達拿破崙那裡時就倒地氣絕了。拿破崙立刻下一手諭，交給這兵士，叫他騎了自己的坐騎火速趕回前線。

　　這兵士看看那匹雄壯的坐騎及牠宏麗的馬鞍，不覺脫口說：「不，將軍，對於我這樣一個平常的士兵，這坐騎太高貴、太好了。」

　　拿破崙回答說：「對於一個法國的兵士，沒有一件東西可以稱為太高貴、太好！」

　　「假使我們把自己視為泥塊，」科雷利說，「則我們將真的成為被人踐踏的泥塊。」

　　一個人能夠給予自己很高的評價，則他在做事時，其「氣」必所向披靡，剛剛開始，即已可得一半的勝利，穩操一半的勝算了。一切足以阻止自卑自抑的人的障礙，在這種自信堅強的人面前，是完全不存在的。

　　2.為避免在你的成功過程中構築障礙物，所以可能形成障礙的事物最好不予理會，最好忽略它的存在。至於難以忽視的障礙，

就下一番工夫好好研究，尋求適當的處理良策，以避免其繼續存在。不過，最好徹底看清困難的實際情況，切勿誇張，使其看來愈加顯得困難。

不要受到他人的威信影響，而試圖仿效他人。須知唯有自己方能真正擁有自己，任何人都不可能成為另一個自己。

3.每天重複說10次這段強而有力的話：「誰也無法抵擋我們成功。」你的成就之大小，永遠不會超出你的自信心的大小。拿破崙的軍隊絕不會爬過阿爾卑斯山，假使拿破崙以為此事太難的話。同樣，假使你對於自己的能力存在嚴重的懷疑和不信任，你一生中就絕不能成就重大的事業。

每天大聲複誦這句話10次：「虔誠的信仰給了我無窮的力量，凡事都能做。」這句話對於治療自卑感而言，可稱得上是最有效的良方。

4.尋找對你瞭若指掌、且能有效提供忠告的朋友。你必須了解自己自卑感或不安感的所在。雖然這問題往往在少年時期便已發生，但了解它的來源，將使你對自己有所認知，並幫助你獲得援救。

5.正確評估自己的實力，然後多加一成，作為本身能力的彈性範圍。固然，切忌形成本位主義有其必要，但是適度地提高自尊心也是相當重要的事。

課後分析：

◆拿破崙說：「我成功，是因為我志在成功。」

◆從來不曾發現「信心」價值的人的意識中，也蘊藏著巨大的潛能。

◆對於個人，有堅強的自信，往往可以使得平庸的男女成就偉大的事業。

第五課
朝著一個目標邁進！

Potencecy Exploit

為什麼那麼多人終日不厭其煩地在談人生規劃？為什麼老是有人抱怨無人生樂趣？

這都是目標惹的禍！

目標，一直是人類歷史中每一項成就的起點，步驟永遠一樣：一個夢想成為目標，目標成為一項成就。要想把看不見的夢想變成看得見的事實，首先要做的事便是制訂目標。目標會引導你的一切想法，而你的想法便決定了你的人生。

一塊浮木只能隨波漂流，任水浮沉。沒有一定方向的時候，只要一陣微風，就會把你吹得暈頭轉向。可是一個擁有地圖和羅盤的舵手，即能掌穩他的舵，認清他的方向，有目的地前進。

第五課
朝著一個目標邁進！

🌸 1.把握夢想的方向

不管是生涯規劃或者生活，目標的設定都是最基本的要求。要是沒有目標，你永遠不曉得自己該往何處去。這就好比是物理實驗中自由運動的粒子一樣，如果不能在隨機碰撞中巧遇到其他粒子，就只能一直不斷地運動下去，當然產生不了什麼變化。生活要是沒有了目標，就只能一成不變地吃、喝、拉、睡，沒有什麼變化可言。我們常說這種人如同行屍走肉，原因無他，生活沒有努力的目標，當然就失去了方向。

說得更直白一點，沒有目標，就像你花了一堆時間在規劃婚禮，卻從沒打算結婚一樣，你所做的一切到頭來都是一場空。還有些人更糟糕，老是誤將短期的計畫當作是目標規劃。比方說，老是在計畫著假期要到什麼地方去玩，但卻不為生活做點實際的規劃。對這種人而言，生活只是經由假期來做一個片段一個片段的切割，和過一天算一天的人也差不了多少，這也是不曉得目標為何物的生活方式。

這世上有形無形的武器何其多，但目標就是其中幾個力量非常強大的。它可以讓你將自己放在生命的方向盤上，給生活多點控制。

用開車來做比喻。當你進了車子，發動引擎，卻不去動方向

盤，怎麼可能到得了目的地呢？你猛踩油門卻不碰方向盤，車子當然還是會走，它也會帶你到某個地方去，但卻不一定會到達你想去的地方。因為，幾乎可以百分之百肯定的是，要不了幾秒鐘，你就撞車了。

在《愛麗絲夢遊仙境》一書中，當愛麗絲來到一個通往各條不同方向的路口時，她向小貓請教。

「小貓咪……能否請你告訴我，我應該走哪一條路？」

「那要看妳想到哪兒去。」小貓咪回答。

「到哪兒去，我都無所謂——」愛麗絲說。

「那麼，妳走哪一條路，也都無所謂了。」小貓咪回答。

小貓咪說的可真是實話，如果我們不知道要前往何處，那麼，任何道路都可以帶我們到達不同目的地，只不過未必是你要的目標而已。

美國兒童文學女作家、著名小說《小婦人》的作者露意莎·梅·奧爾科特曾比喻說：「在那遠處的陽光中有我至高的期望。我也許不能達到它們，但是我可以仰望並見到它們的美麗，相信它們，並設法追隨它們的引領。」

目標是工具，它賦予我們把握自己命運的方法。目標是方向，它把我們引向充滿機會和希望之途。若能依循夢想的方向，滿懷信心地前進，並竭力去過自己所憧憬的生活，便能獲得出於日常意料之外的成功……你若在空中造了樓閣，你的努力便不會迷失。樓閣應該在那裡，現在只需在它們下面打基礎。

一句英國諺語說得好：「對一艘盲目航行的船來說，任何方向的風都是逆風。」

目標是我們行動的依據，沒有目標，便無法成長。

有了目標，內心的力量才會找到方向。毫無目標的飄蕩終歸

會迷路，而你心中那一座無價的金礦，也因不開採而與平凡的塵
土無異。

有位哲學家一次漫步於田野中，發現水田當中新插的秧苗，
竟是排列得如此整齊，猶如用尺丈量過一般。他不禁好奇地問田
中工作的老農是如何辦到的。老農忙著插秧，頭也不抬地回答，
要他自己取一把秧苗插插看。哲學家捲起褲管，興沖沖地插完一
排秧苗，結果竟是參差不齊，雜亂無章。

他再次請教老農，如何能插一排筆直的秧苗，老農告訴他，
在彎腰插秧的同時，目光要盯住一樣東西，並朝著那個目標前
進，即能插出一列整齊的秧苗。

哲學家依言而行。不料這次插好的秧苗，竟成了一道彎曲的
弧形。他又請教老農，農夫不耐煩地問他：「你的眼光是否盯住
一樣東西？」

哲學家答道：「有啊，我盯住那邊吃草的水牛，那可是一個
大目標？」

老農說：「水牛邊走邊吃草，而你插的秧苗就跟著移動。你
想，這道弧形是怎麼來的？」

哲學家恍然大悟。這次，他選定遠處的一棵大樹，也插出了
一列整齊的秧苗。

沒有目標的人或目標不斷飄移的人生，亦如無舵之舟，無銜
之馬，在茫茫的人海中，飄蕩奔逸，隨波逐流，就像哲學家所插
的秧苗一樣，終將一無所成。

美國著名的石油大亨亨特，曾經在阿肯色州種棉花，結果一
敗塗地，後來卻變成世界上最有錢的人之一。有人問到他成功的
秘訣是什麼，他說：「想成功只需兩件事：第一，看清楚你要的
是什麼，而大多數人從來不知道要這麼做。第二，要有必須為成

功付出代價的決心,然後想辦法付這個代價。」

當你提出你的目標,並計畫著如何實現它的時候,可以把每一個具體的目標看做是一條小溪,它們將會流向大河,也就是中期目標,並最終歸於大海,也就是你的最終目標。這些小小的溪流最終是流入大海,還是在中途枯竭,這完全取決於你的堅持。

亨利·福特曾說:「所謂的障礙,就是你把眼光從目標移開時所見的醜惡東西。」

不管遇到多少麻煩,絕不要輕易放棄你的目標,把阻擋在路上的絆腳石當作鋪路石,繼續向你的目標邁進。記住那句老話:「滴水穿石。」

🐝 2.登上生活的巔峰

行動以前,請先想清楚自己要的究竟是什麼。你如果認為一個人僅僅靠一份工作或是順利的職業生涯,便足以實踐自我,無疑是否認自己是個生來有所為、有意義的生命個體。你過去或現在的情況並不重要,將來要獲得什麼成就才最重要。除非你對未來有理想,否則做不出什麼大事來。

假設此時你的生活一切順遂,而且有發揮能力的足夠空間,工作或職業再也不是問題。就在此時,你要處理的是「自我」,是一種追尋,要追求一種能使生命圓滿的努力方向。如果你以為只有特殊重要人物才會擁有生命目標,你就永遠無法逃離凡夫俗子的命運。

生命目標是對於所期望成就事業的真正決心。目標比幻想更貼近現實,因為它似乎更易於實現。

正如空氣對於生命一樣,目標對於成功也有絕對的必要性。

如果沒有空氣，沒有人能夠生存。如果沒有目標，沒有任何人能成功。沒有目標，不可能發生任何事情，也不可能採取任何步驟。如果個人沒有目標，就只能在人生的旅途上徘徊，永遠到不了任何地方。所以對你想去的地方先要有個清楚的認識。

你想想這種情況吧？你想想那些人終生無目的地漂泊，胸懷不滿，但是並沒有一個非常明確的目標。你是否現在就能說說你想在生活中得到什麼？

進步的企業或組織都有10～15年的長期目標。經理人員時常反問自己：「我們希望公司在10年後是什麼樣呢？」然後根據這個來規劃應有的各項努力。新的工廠並不是為了適合今天的需求，而是滿足5年、10年以後的需求。各研究部門也是針對10年或10年以後的產品進行研究。

人人都可以從很有前途的企業學到一課，那就是：我們也應該計畫10年以後的事。如果你希望10年以後變成怎樣，現在就必須變成怎樣，這是一種重要的想法。就像沒有計畫的生意將會變質，如果還能存在的話，沒有生活目標的人也會變成另一個人。因為沒有了目標，我們根本無法成長。

確定你的目標可能是不容易的，它甚至會包含一些痛苦的自我考驗。但無論要花費什麼樣的努力，它都是值得的。因為沒有目標，我們的熱忱便無的放矢，無處依歸。有了目標，才能有鬥志，才能開發我們的潛能。

從此，你的潛意識開始遵循一條普遍的規律，進行工作。這條普遍的規律就是：「你能設想和相信什麼，就能用積極的心態去完成什麼。」如果你預想出你的目的地，你的潛意識就會受到這種自我暗示的影響。它就會進行工作，幫助你到達那裡。如果你知道你需要什麼，你就會有一種傾向：試圖走上正確的軌道，

奔向正確的方向。於是你就開始行動了。

　　從此，你的工作變得有樂趣了，你因受到激勵而願付出代價。你能夠預算好時間和金錢了。你願意研究、思考和設計你的目標，你對你的目標思考得愈多，你就會愈有熱情，你的願望就會變成熱烈的願望。

　　從此，你對一些機會變得很敏銳了，這些機會將幫助你達到目標。由於你有了明確的目標，你知道你想要什麼，你就很容易察覺到這些機會。

　　從此，你已了解自己獨特、與眾不同的一面，接受自己有待實踐的生命目標。如此一來，你的生命目標可能會帶給他人不同的啟示。這一切無須外求，無關乎淵博的學識，或豐富的生活經驗。要做到的僅僅是重視自己，並相信自己的生命與其他人同等偉大。

　　在追求目標的過程中，不懈地努力會讓你獲得成功經驗。成功的經驗可以讓人明白自己的長處和生存的特殊價值。在這樣的時刻，你能高度肯定自己，了解自己的存在舉足輕重，進而獲得一種滿足感。成功經驗的確象徵著不平凡的意義，但問題是，它們是如何產生的？那樣美好的感受該如何創造？以後還會有嗎？

　　找到了生命的目標，就好比是找到了開發自我潛能的工具，這是開發生命「礦脈」的關鍵。不論付出多少，只要能發揮自己的潛力，就讓人體會到生命的意義和價值。為了登上生命的巔峰，何不大膽付出，盡情發揮？

🌺 3.我有一個夢想

　　當我們回顧歷史，便會發現其中的偉大人物之所以有那麼驚

人的成就，乃是對自己提出了超出一般人的期許。在這個期許尚未實現之前，我們便稱之為「夢」。人人都有夢。過去的夢，可能早已被遺忘？如果你還一直保持最初的那個夢，今天的你又會是什麼樣子呢？

多少人魂牽夢縈，情繫往昔，慨嘆風雨飄搖，逝者如斯。一些人奮力搏擊，展現出了旺盛的生命力，突破了人生困境，最終成為其他人效法的典範……「打心底裡我相信自己有不凡的才能，能做出偉大的事情，而現在，為什麼是這樣，而不是那樣的呢？」

其實，你和我也都能活出不凡的生命力，只要我們拿出勇氣，相信自己有能力面對人生中的各種挫折，並拿出相應的行動，你和我同樣能突破人生的困境。

花點時間，此刻就來做個夢！不管這些目標怎樣，對我們人生都影響重大。要好好思索那些想達到的目標，挑出一個最讓你動心的目標。這個目標要使你晚睡早起才行！這樣才能啟動你的創造力，引發你的熱情。一個人的成就多少比他原先的理想要小一點，所以夢想你的未來時，眼光要遠大才好。

「我希望有一棟別墅，房屋是白色圓柱所構成的兩層樓建築。四周的土地用籬笆圍起來，說不定還有一兩個魚池，因為我們夫婦倆都喜歡釣魚。我還要有一條長長的、彎曲的車道，兩邊樹木林立。」

「但是一間房屋不見得是一個可愛的家。為了使我們不僅有個可以吃、住的地方，我還要盡量做些值得做的事，同朋友們一起聚會等等。」

「10年以後，我會有足夠的金錢與能力供全家環遊世界。這一定要在孩子結婚獨立以前早日實現。如果沒有時間的話，就分

成四、五次做短期旅行，每年到不同的地區遊覽。當然，這些要看我的工作是不是很成功才能決定，所以要實現這些計畫，必須加倍努力才行。」

這是一個人的「未來藍圖」，也許對於現在的你只會是一個夢想，「環遊世界」也許對現今的狀況來說太過於奢望，但你又怎會知道未來的某一天這些不會成為現實呢？

一個人除非懷有迫切要求成功的願望，樂意去做，否則做不出什麼大事。妥善運用你「渴望成功的需求」，往往會產生驚人的力量。

我們的人生有何種成就，到底取決於什麼？答案乃是當初所做的決定。當我們做出決定的那一刻，命運也就注定了？

你的夢能實現到什麼程度，就看你給它定的界線何在？此刻就讓你的夢具體化，隨後好好想想，如何實現它的計畫。

在追求你確定的夢，也就是實現目標的過程中，我們往往會做出驚人的成績和意想不到的結果，就像蜜蜂尋求生命意義的過程。難道蜜蜂是存心為花朵傳遞花粉嗎？不是的，牠的目標是花蜜，可是在尋找的過程中，牠的腿上沾滿了花粉，等待飛到其他花朵上時，神奇的生命連鎖反應就開始了，結果是滿山萬紫千紅！

同樣的道理，在邁向你夢想的旅途中，你會驚喜自己實現夢想的任何意外之結局，它往往成為你生命永恆的收穫。

人生實在寶貴，它賦予我們每個人獨特的權利、機會和責任，只要我們用心去耕耘就能結出豐盛的果實。到底是什麼因素決定了我們每個人的不同命運？為什麼有的人雖身處困頓的環境卻能開創出不凡的人生，而另一些人卻在優裕的環境中毀掉了自己的一生？關鍵的因素可能還是你自己的人生目標。

花點時間做個白日夢也不錯？受限於時間、能力，很多事情你只能在心裡想想，卻永遠無法辦到。與其懷著感嘆的心過日子，倒不如以這些期盼為藍本，在心中構築美麗的夢境，一償宿願。

很多看來美好的事物，當你企求不著時總是羨慕得很，一旦如願卻又常有不過如此的感覺。是的，我們常是隔著一層面紗看世界，這層紗有可能是實質的，更有可能是無形的。一方面，因為不管是文字的過度形容也好，透過聚焦等攝影技巧也罷，我們透過別人建構出來的景象去看世界，總是會模糊了事物的真實面貌。另一方面，我們基於對現實環境的不滿，也會產生移情作用，將自己所嚮往的境界融入我們的所見所聞，當然看不見事情的真相。而這一切都得在親眼目睹之後才能撥雲見日。

所以說，白日夢也不全然是那麼負面的東西。

不管它是不是能夠實現，將來成了回憶之後，你總能由其中再找出些許興趣來。

在這個虛構的世界裡，所有的一切任由你擺布，都以自己希望發生的方式去想。說不定回味無窮之餘還會激發你的潛能去實現它呢？

🐝 4.不斷地確立新的目標

追求目標的真正目的，乃是讓你在這個過程中塑造自己，看看最後會變成什麼樣的人！我們都得不斷追求心智的成長，那是我們靈魂的糧食。

當你達到了所追求的目標，別忘了馬上再給自己訂出一個更高目標。在對新目標的追求過程中，不可避免地仍會遇上一些困

難與障礙，但是別忘了，在此之前你也曾經遇到過，而如今你成功了！

「福勒製刷公司」首要創辦人阿爾弗雷德·福勒出身於貧苦的農民家庭，住在加拿大東南的新斯科夏半島。

福勒似乎不能保住他的工作。事實上，在前兩年中，他雖努力維持生計，卻失去了3份工作。

但是，接著在福勒的生活中，發生了決定性的變化。因為他試圖銷售刷子。就在那時，福勒受到了激勵。他開始認識到他最初的3份工作對他都是不適合的。

他不喜歡那些工作。那些工作並非自然而然地來到他的身邊，自然而然地來到他身邊的工作是銷售。

他立刻明白了：他會把銷售工作做得很出色，他喜愛這種工作。所以福勒把他的思想集中於從事世界上最好的銷售工作。

他成了一個成功的銷售員。他在攀登成功的階梯時，又立下一個目標，那就是創辦自己的公司，這個目標就十分適合他的個性。

阿爾弗雷德·福勒停止了為別人銷售刷子，這時他比過去任何時候都更為興高采烈。他在晚上製造自己的刷子，第二天就出售。銷售額開始上升時，他就在一所舊棚屋裡租下一塊空間，雇用一名助手，為他製造刷子，他本人則集中精力於銷售。

那個最初失去了3份工作的孩子最終取得了什麼樣的結果呢？如今福勒製刷公司擁有幾千名銷售員和數百萬美元的年收入！

就像福勒一樣，當你能看重個人的成長和發展，才算是為人生中的其他成就奠下了基礎。現在請你完全靜下心來，完成下面的提問：

第一，你希望培養什麼樣的個性？你希望結交什麼樣的朋

友？你想成為什麼樣的人？

第二，給你的目標確定一個完成的期限。

第三，寫出一年內你要達到的目標。

第四，簡短地寫下你要達到這個目標的原因。

目標訂好了，就要拿出積極的行動，千萬不能就此束之高閣！就在此刻，謀劃出實現目標的第一步，隨後緊跟向前，哪怕是微不足道的一小步，都能使你距目標更近！

5.激發潛能，達成目標

達成目標的重要方法之一，就是在心裡明確地把目標描繪出來，要很有把握地想像成功之後的情況。

每天把這種心裡的想像，做一番確認，不論是大清早，或是臨睡前，都是很適當的時間。如果能持續不斷地做下去，那麼，在你的潛意識裡，這種想像會變得愈來愈有真實感，而這樣的真實感，會促使你盡全力發揮潛在的精力和才能。

潛在意識往往表現在行為上，也就是說，我們的行動常受到潛意識的控制。如果能掌握潛意識的作用，加以巧妙地運用，那麼我們心中所想像的，終有成為事實的一天。

確認目標的關鍵是把你的目標說出來，或是寫在紙上。主要是把原來在心裡想的東西，改成用耳朵來聽、用眼睛來看，同時加深腦中的印象。每天反覆地做，一段時間之後，你自然會產生自信。

由於潛意識的不斷督促和指揮，神奇的創造力就由我們的身上不斷地發揮出來。這麼一來，要達成目標，就不再是一件難事了。

　　但是，你也不能小看消極的想法，把消極的、認為無法做到的想法，盡量廢棄，而代之以積極的、肯定的強烈信念，來充實你的精力。

　　把「我可以做⋯⋯」、「我要求做一番」等積極想法不斷地灌注到你的內心，不久，你想法中消極的部分消失了，你的心中自然都被積極想法所取代。

　　如果把心裡所想的事情擱置下來，或只在口頭上說說而已，你的目標就永無實現之日。我們應該向著成功的目標，每天非做出一點事來不可。

　　一年的目標在前面，十年的目標在更前面，但是一天的目標若能達成，那麼你心中所湧出的自信，會使你的潛能更能發揮到極致。所謂大目標、大工作，全由每天實現的小目標累積而成。

　　不管目標有多大，只要從小的地方開始著手——就是達成計畫的重要訣竅。

　　把目標寫在紙上，純粹是為了能用眼睛來確認心中所想的事，這叫做「目標的視覺化」。

　　你可以去買一本剪貼簿，把你所寫的目標圖貼上，假使你的紀錄中記有「新房子」的話，你再去找雜誌，找到像你所想的那種樣子，把它剪下貼在剪貼簿上，而且不只是房子照片，還要加上美麗的院子、豪華的門、結滿果實的樹。

　　如果你的紀錄中有「5年後要當科長」這一項的話，這時你就畫一張坐在科長位子的圖畫。同時，不要忘記放在桌上的裝飾品，如枱燈、辦公用品、電話等適合科長地位的東西。

　　「目標視覺化」就是為了要使目標在你的潛在意識發生作用。所以，你應該常拿剪貼簿出來翻閱，要一頁頁仔細地看，看的時候不要只對裡邊的內容想「我想要⋯⋯」、「我很喜歡這個

樣子……」而應該全神貫注，認為這是以後自己的寫照。記住，必須要用這種感情來看才行。如此利用剪貼簿不斷地提醒我們，才會使我們產生「做得到」的想法，而走向成功之途。

✿ 6. 獻身目標

醫學上的發明，技術上的創新，或者是某個人在事業上有所成就等等，不管事情的大小，人類進步是因為人們在實現某種理想之前，心裡早已有了相當的概念。人造衛星並不是偶然的發明，這是因為科學家們已把「征服太空」假定為一個努力的目標。

目標也可以說是目的，我們不要存有「如果能做到，那是最好的」的想法，而一定要時時提醒自己「我是為了某個目標而工作」。

首先，我們要確立目標，因為沒有目標，我們就不知該何去何從，每天虛耗時間踟躕不前。且不管過去與現在你已經走了多少路，現在達到了什麼程度，重要的是在於你是否有明確的目標。目標可以作為一種刺激，一種挑戰，一種對未來的美好規劃。

我們應該向這些先進的企業家學習寶貴的經驗。一些有組織的公司，會計畫公司未來10年、15年後的目標，為了達成這個目標，他們會逐漸進行各項努力，如建設新工廠、招收員工等，這些並非為了現在的需要，而是為了5年後工廠擴大而準備的。有時候，也會為了10年後的產品費盡心血做好調查工作。我們雖不必像他們一樣做個10年的計畫，但至少該替自己做個較短期的計畫。訂立短期目標的意義，是為了解決身邊的問題，由於短期目

標的累積，才能一步一步走向更好的方向。

　　真正成功的人，一星期至少有60個小時在工作，他們對這種過分的工作並不會抱怨。成功的人一直盯住目標不放，所以才會有奮鬥不懈的精神。

　　如果你已經設立了目標，決定向那個目標努力，工作精力自然會不斷地滋生出來。很奇怪的，人在選擇目標，為了達成目標而不斷努力的同時，就可以發現新的精力無窮。

　　以前我們常常會在早上醒來時覺得，今天沒有什麼重要的事急著做，於是東摸摸，西逛逛，就這樣糊裡糊塗過了一天，備感無聊。目標可以驅除無聊，把你帶入發揮潛能，走向成功的道路。

　　目標的力量是不可思議的，它時常會引導你快速地到達目標。

🐝 7.目標引導潛能發揮

　　沒有目標的人，就像那些鯨魚。他們有巨大的力量與潛能，但他們把精力放在小事情上，而小事情使他們忘記了自己本應做的事。

　　要發揮潛能，你必須全神貫注於自己的優勢，而目標能助你集中精力。

　　當你不停地在自己有優勢的方面努力時，這些優勢會進一步發展。最終，在實現目標時，你會發現自己成為什麼樣的人比你得到什麼東西重要得多。

　　你給自己定下目標之後，目標就會在兩個方面產生作用：它是努力的依據，也是對你的鞭策。目標給了你一個看得見的射擊

靶。隨著你努力逐漸實現這些目標，你會有成就感。對許多人來說，制訂和實現目標就像一場比賽。隨著時間的推移，你實現了一個又一個目標，這時你的思考方式和工作方式也會漸漸改變。

1991年，住在斯德哥爾摩的高蘭‧克魯普產生了一個想法：靠自己的力量越過大陸到達尼泊爾，然後，在完全沒有幫助的情況下，不帶氧氣瓶征服珠穆朗瑪峰，最後用同樣的方法返回家鄉。

顯然他的計畫野心夠大了，但是有可能實現。他首先對整段路程做了確實的研究，然後著手籌集旅行所需的20萬英鎊的贊助。為了鍛鍊心血管能力，他開始和瑞典越野滑雪隊一起進行體能訓練。

1995年10月16日，他騎著一輛自製自行車出發了，因為這是一次完全沒有後援的探險，他不得不隨身帶上全部裝備，總重量高達129公斤。

4個月零6天後他到達了加德滿都，在那兒開始把裝備運往基地的帳篷。他一次運73公斤，只能向前運55公尺，而且運一次要休息10分鐘。

他第一次開始懷疑自己完成計畫的能力。他說，那次搬運是他一生中唯一一次最可怕的體力考驗。

第三次登頂他成功了，下山後，他又騎上自行車，跋涉了一萬二千公里回到了瑞典。

這時距他離家已經過去了一年零六天。

目標不但使我們的行動有依據，人生有意義，還能激勵我們的鬥志，開發我們的潛能。

這彷彿是個定律，在人生的前方設定一個目標，不僅是一個理想，同時也是一個約束，就像跳高，只有設定一個高度目標，

才能跳出好成績來。

我們每個人都有成功的潛力，也有成功的機會。以輝煌的成就度過人生也好，還是在敗北的屈辱中熬過人生也好，你所消耗的精力和努力的心血，實際都是一樣的。

當你確定只走1公里路的目標，在完成800公尺時，便會有可能感覺到疲累而開始鬆懈自己，以為反正快到目標了。但如果你的目標是要走10公里路程，你便會做好思想準備和其他準備，調整各方面的潛在力量，這樣走了七、八公里後，才可能會稍微放鬆一點。

設定一個遠大的目標，可以發揮人的很大潛能。

現在已經成為行業鉅子的一些公司，例如佳能和本田，他們制訂的目標是針對20、30年後的發展。他們把目標瞄準未來，那就是他們前進的方向。日本的松下是一家大型控股公司，有著廣泛的業務領域，它制訂的戰略計畫針對今後300年。聽起來也許有點不可思議，但這有助於他們循序漸進地提出一系列問題，例如，現在的投資將來會幫助後人完成長期目標嗎？

對於個人來說，清醒認識自己在將來要取得的成就，將影響到我們成功的能力。

年輕時我們曾有許多野心，隨著年齡的成長，惡劣的生存環境使我們漸漸淡忘了這些野心和夢想。我們青年時代的美夢褪色了，我們覺得這些夢想已經無法實現了，這樣做的結果是我們永遠無法看到未來。有一個方法可以克服這個困難：永遠別忘了審視自己，比如是否實現了早年的那些野心。

要想做到這一點，我們得想像自己已經取得了成功。不能因為現狀給我們帶來了安全感和安逸感，就無法擺脫它。也不能因為困難太大、風險太大，就停在原地不動，不做別的事情。

想想那些英雄，想想那些勇往直前的英靈吧。他們手中沒有地圖，就去尋找那些未知的土地，他們知道自己將發現一個新世界，在旅途中你也得具備同樣的信心和激情來激勵自己。

所以現在就努力吧，離開你舒適的安樂窩，像鳥兒飛離鳥籠一樣，在門打開的那一瞬間必須充滿勇氣，相信自己，踏上征途，除非成功，否則絕不放棄。

🐝 8.制訂正確的目標

許多人庸庸碌碌，沒沒而終，這是因為他們認為人生自有天定，從沒想到可以創造人生。事實是，人存在於世上，那是天定。好好地利用自己的生活，使它朝著自己的計畫和目標奮進，這樣就成了人生。

你應該掌握你的人生使命，高懸某種理想或希望，奮力以赴，使自己的生活能配合一個目標，從而實現成功。

偉大的人生以憧憬開始，那就是自己要做什麼或要成為什麼。南丁格爾的夢想是要做護士，愛迪生的理想是成為發明家。這些人都為自己想像出明確的前途，把它作為目標，勇往直前。他們成就偉大事業的主要原因是有崇高的理想在激勵他們，激勵他們發揮潛能。

英國詩人濟慈，幼年就成為孤兒，一生貧困，戀愛失敗，身染癆病，26歲就去世了。濟慈一生雖然潦倒不堪，卻不受環境的支配。他在少年時代讀到史賓塞的《仙后》之後，就肯定自己也注定要成為詩人。濟慈一生致力於這個最大的目標，使自己成為一位名垂不朽的詩人。他有一次說：「我想我死後可以躋身於英國詩人之列。」

　　你心目中要是高懸這樣的目標，就會勇猛奮進。如果自己心裡認定會失敗，那就永遠不會成功。你自信能夠成功，成功的可能性就將大為增加。沒有自信，沒有目標，你就會俯仰由人，一事無成。

　　在開始邁向成功之前，應先問你自己一個問題：你的目標是什麼？

　　設定明確的目標，是所有成就的出發點。98％的人之所以失敗，其原因就在於他們從來都沒有設定明確的目標，並且也從來沒有踏出他們的第一步。

　　當你研究那些已獲得永續成功的人物時，你會發現，他們每一個人都各自有一套明確的目標，都已訂出達到目標的計畫，並且花費最大的心思和付出最大的努力來實現他們的目標。

　　卡內基原本是一家鋼鐵廠的工人，但他憑著製造及銷售比其他同行更高品質的鋼鐵的明確目標，而成為全國最富有的人之一，並且有能力在全美國的小城鎮中捐款興建圖書館。

　　他的明確目標已不只是一個願望而已，它已形成了一股強烈的欲望，你也一樣，只有發掘出你的強烈欲望才能使你獲得成功。

　　我們每個人都希望得到更好的東西，如金錢、名譽、尊重，但是大多數的人都僅把這些希望當作一種願望而已，如果你知道你希望得到的是什麼，如果你對達到自己的目標的堅定性已到了執著的程度，而且能以不斷的努力和穩健的計畫來支持這份執著的話，那你就已經是在發展你的明確目標了。

　　明確的目標是你努力的依據，也是對你的鞭策。明確的目標給你一個看得見的彼岸。隨著你實現這些目標，你就會有成就感，你的心態就會向著更積極主動的方向轉變。

　　明確目標使你看清使命，產生動力。有了明確目標，對自己心目中喜歡的世界便有一幅清晰的圖畫，你就會集中精力和資源於你所選擇的方向和目標上，因而你也就更加熱心於你的目標。愛默生說：「一心向著自己目標前進的人，整個世界都給他讓路！」

　　人們處事的方式主要取決於他們怎樣看待自己的目標。如果覺得自己的目標不重要，那麼所付出的努力自然也就沒有什麼價值。如果覺得目標很重要，那麼情況就會相反。如果你心中有了理想，你就會感到生存的重要意義，如果這個理想是人生目標且又是由一個個目標組成的，那麼，你就會覺得為目標付出努力是有價值的。一句話，明確的目標會使你感受到生存的意義與價值。

　　成功不是做了多少工作，而是獲得多少成果。目標使你集中精力，把重點從過程轉到結果，把握現在。

　　目標對目前工作具有指導作用。也就是說，現在所做的，必須是實現未來目標的一部分。因而讓人重視現在，把握現在。沒有目標，我們很容易陷入跟理想無關的現實事務中。一個忘記最重要事情的人，會成為瑣事的奴隸。

　　目標，使我們心中的想法具體化，更容易實現。做起事來心中有數，熱情高漲。目標能提高激情，有助於評估進展。目標同時提高了一種自我評估的重要手段，即標準。你可以根據自己距離目標有多遠來衡量取得的進步，測知自己的效率。

　　信心、勇氣和膽量來自於「知彼知己」。對目標及實現過程的清晰透徹的認識，必然使你從容不迫，處變不驚，自我完善。自我完善的過程，其實就是潛能不斷發揮的過程。而要發揮潛能，你必須全神貫注於自己的優勢並且會有高報酬的方面。目標

能使你最大限度地集中精力。當你不停地在自己有優勢的方面努力時，這些優勢必然進一步發展。

🐝 9.明確目標的力量

每個人都有欲望和夢想，但大多數人沒有明確具體的人生目標，這便是成功和幸福總是屬於少數人的重要原因之一。

人生的勝者佔總數的1％抑或更少，但都有一個突出的特徵，與他人截然可分，這就是生活和奮鬥的鮮明的方向性，即由欲望和夢想演化而成的明確目標。

欲望和夢想在沒有化成明確具體的奮鬥目標之前，是比較模糊的，不穩定的，短時間的。只有將欲望夢想化成人生明確具體的大小目標，走向成功與卓越才有基礎。

如果你問剛看完電影的朋友「電影怎麼樣？」而他回答說「還好」，你還想去看那部片子嗎？你願意去一家飯菜做得「還可以」的餐廳嗎？我想你不會去的。原因是「還好」遠遠不夠。

你對生活各方面的期待和對事業方面的期待一樣，遠不止是「還好」。你想要的是很好、很妙、棒極了。但要超越「還好」這個限度，就得對自己的目標有非常清醒的認識。

用清晰、簡明的語言制訂出協調一致的目標是成功人士共同具備的品質。成功人士回答自己將來的願望時，會充滿生氣、熱情洋溢地描述自己的計畫，讓人對他們的目標一目了然。

希爾在電視台工作時，需要經常向節目編輯或資深製作人彙報自己的計畫——這個程序被稱為「宣傳策劃」。他知道，把自己的設想描述給潛在客戶的機會只有一次。因此做節目宣傳時，每個細節都得描述清楚，要盡可能使購買者從主持人的走位到開

獎場面以及這中間的每個步驟有鮮明的印象。因為他知道，活潑的語言能激發生動的想像。

這個道理也適用於制訂職業和個人生活的目標。沒有明晰而堅定的目標是對未來感到迷惘的首要原因。對個人而言，目標混亂將導致情感從滿足發展到厭倦和缺乏安全感，甚至會陷入深深的憂慮。對企業來說也是一樣，對未來沒有明確構想的企業會產生猜疑氣氛，員工也會因此士氣低落。一個對未來一無所知的公司沒有什麼前途，而沒有前途的公司不值得投資者考慮。

從明確目標中會發展出自力更生、個人進取心、想像力、熱忱、自律和全力以赴，這些全都是成功的必備條件。

明確目標鼓勵你行動專業化，並使你的行動達到完美的程度。

你對於特定領域的領悟能力，以及在此一領域中的執行能力，深深影響你一生的成就。一旦你確定自己的需要和欲望之後，便應立即學習相關的專業知識。而明確目標就好像一塊磁鐵，它能把達到成功必備的專業知識吸到你這裡來。

一旦你確定了明確目標之後，就應開始預算你的時間和金錢，並安排每天應付出的努力，以期達到這個目標。

由於經過時間預算之後，每一分每一秒都有進步，故時間預算必然會為你帶來效益。同樣的，金錢的運用應該有助於明確目標的達成，並確保你能順利地邁向成功。

明確目標會使你對機會抱著高度的警覺性，並促使你抓住這些機會。

柏克是一位移民到美國、以寫作維生的作家，他在美國創立了一家以寫作短篇傳記維生的公司，並雇有6人。

有一天晚上，他在歌劇院發現，節目表印製得非常差，也太

大，使用起來非常不方便，而且一點吸引力也沒有。當時他就興起想印製面積較小、使用方便、美觀，而且文字更吸引人的節目表的念頭。

於是第二天，他準備了一份自行設計的節目表樣本，給劇院經理過目，並表示他不但願意提供品質較佳的節目表，同時還願意免費提供，以便取得獨家印製權。而節目表中的廣告收入，足以彌補這些成本，並且還能使他獲利。

劇院經理同意使用他的新節目表，他們很快和所有城內的歌劇院都簽了約。這門生意日後欣欣向榮，最後他們擴大營業項目，並且創辦了好幾份雜誌，而柏克也在此時成為《婦女家庭雜誌》的主編。

成功的人能迅速地做出決定，並且不會經常變更。而失敗的人做決定時往往很慢，且經常變更決定的內容。

記住：有98％的人從來沒有為一生中的重要目標做過決定。他們就是無法自行做主，並且貫徹自己的決定。

但是，要如何克服不願意做決定的習慣呢？

你可以先找出你所面臨最迫切的問題，並且對此問題做出決定，無論做出什麼樣的決定都可以，因為有決定總比沒有決定要好，即使開始時做了一些錯誤的決定，也沒有關係，日後你做出正確決定的機率也愈來愈多。

當然，如果能夠事先確定你的目標，將有助於做出正確的決定，因為你可隨時判斷所做的決定是否有利於目標的達成。

明確目標的最大優點就是使你具備成功意識，這個意識使你的腦海裡充滿了成功的信念，並且拒絕接受任何失敗。

好幾年前，鹽湖城住了一位年輕人，他具有勤勞和節儉的美德，並因而獲得許多讚美。

　　但他的一項舉動使他的朋友們都認為他瘋了：他從銀行提出他所有的存款，並到紐約參觀汽車展，回來時還買了一輛新車。

　　更糟糕的是，當他回到家之後便立刻把車停到車庫中，並將每個零件都拆卸下來，在檢視完每個零件之後，他再把車子組裝回去。

　　那些旁觀的鄰居都認為他的行為實在太不正常了，而當他一再進行反覆拆卸組裝的動作時，這些旁觀者就更加確定他瘋了。

　　這個人就是克萊斯勒，他的鹽湖城鄰居們不太了解隱藏在他瘋狂行為中的動機，他們從來都沒有聽過什麼明確目標，也無法理解成功意識對一個人成功的重大影響力，也因為如此，沒有一家大公司或摩天大樓，是以他的鹽湖城鄰居之名而命名的。

🐝 10.擬定短期目標

　　每一步的前進，都是拓展更廣闊事業的重要部分，假設你已經訂好了事業的終極目標，現在你需要足夠的理智和準確度，去把最終目標換成一個個具體的小目標。

　　凡是入睡前喜讀偵探小說的人，這時候就方便多了，須知大偵探都是用小心求證加上一點點靈感，來解決錯綜複雜的案件的，你也需要同樣地留心細節。

　　作戰時將領們坐在地圖室裡擬定作戰方案，好像在下棋一般地挪動大軍，他們新創了一些長遠的行動方案，並且評估其中的冒險成分。與此同時，戰場某處有一排士兵靜待在戰壕內，考慮要如何前進到下個目的地，因為那裡有個防守位置良好、配有機關槍的堡壘控制著要道。他們考慮的是具體的近期目標。

　　與戰壕中的戰士們一樣，短期目標應代表你當前事業面臨的

主要問題，仔細想一想，解決這個問題代表什麼挑戰？如果不儘快處理，情況是否會變得更糟？機會是否會溜掉？一旦我們辨清主要問題，我們就能訂出優先順序，集中精神處理最嚴重、最迫切需要解決的一個問題。

現在已經到了坐下來思考你短期事業目標的時候了，在開始進行接下來的計畫之前，你有必要百分之百地清楚一項有用的短期目標是什麼樣子。

目標應用明確的詞句說明，空泛的目標不如沒有目標。廣泛的目標應能合理地延伸為明確的短期目標。對於完成的短期目標，你應能計算其對於長遠目標的成功程度。短期目標應該切實可行，對你而言應具有實際意義，不可為狂妄之空想，且須與你的價值觀和長期目標一致。

給每個雖困難但並非不可能完成的目標訂定時限，且仔細思考你的目標中所隱含的能力目標，這樣你才曉得自己應該加強什麼。由於會有許多無法預測的因素介入，所以制訂事業的短期目標並不容易。但是，儘可能明確而實際地去思考仍然是很重要的一件事

11.瞄準太陽

美國一家公司的人事部經理，每年都要到各大學裡挑選一些即將畢業的學生參加公司初級經理人員的預備訓練，她指出她對現今許多大學生的心態很失望。

「我不得不說，我對我所面談的大部分學生的個人目標十分不滿意。你會很驚訝竟有那麼多年僅20歲的年輕人對退休計畫比任何事都更感興趣。對他們而言，『成功』只是『保障』的同義

詞。我們能放心把公司交給這樣的人嗎？」

潛能的發揮不是以一個人的學歷、智商或家庭背景來衡量，而是以個人理想的「大小」來衡量，而理想的「大小」也就決定了成就的大小。

瞎子心中的世界侷限於他的觸覺，文盲的世界侷限於他親身的所見所聞，偉人的遠見有多廣，他的世界就有多大。

將目標瞄準太陽有一個好處，那就是你的收穫絕不會僅有一把泥土。做偉大的夢、訂定偉大的目標、去征服最困難的問題，目標遠大，才能充分挖掘你的潛能。

人不可能取得自己所不曾去企求的成就，一個想當將軍的士兵，雖然不一定就能成為將軍；但一個不想成為將軍的士兵，則永遠成不了將軍。

高爾基說：「目標愈高遠，人的進步愈大。」人應該擁有一個高遠的目標，才能燃起極大的熱情。同時，由於有了遠大的目標，人生才會獲得極大的發展。

我們都有這樣的經驗：當確定只走10公里路程時，走到七至八公里處就會因為鬆懈而感到疲累，因為目的地就快要到了。然而，如果要求是走20公里路程，那麼此時才正是鬥志昂揚的時候。

有經驗的射手都知道，要想射中靶心絕不能瞄準靶心，而必須瞄準靶心以上的位置，這就是「取法於上，僅得其中，取法於中，僅得其下。」的道理。

就最高目標本身來說，即使沒有達成，也比完全達成了較低的目標更具有價值。目標必須給心智留下較大的空間，這樣我們才會擁有更大的熱情，才可以追求更大的成功和幸福。

有一位哲學家到建築工地分別詢問3位正在砌磚的工人：「你

在做什麼？」

　　第一個工人頭也不回地回答說：「我在砌磚。」

　　第二個工人抬起頭說：「我在砌一堵牆。」

　　第三個工人則熱情洋溢，滿懷憧憬地回答說：「我在建一座城市。」

　　聽完回答後，哲學家馬上就此判斷了這三個人的未來：第一個人眼中只有磚，可以肯定，他這一輩子能把磚砌好就很不錯了；第二個人眼中有牆、心中有牆，努力奮鬥的話或許能成為一位工廠長、技術員；唯有第三位工人必定大有出息，因為他有「遠見」，他的心中有著一座城市。

　　沒有遠見的人只看到眼前摸得著的東西；相反地，有遠見的人心中卻裝著整個世界。

　　世界上最貧窮的人並非是身無分文的人，而是沒有遠見的人。唯有看到他人看不見的事物，才能做到他人做不到的事情。

　　遠見，是看到並非擺在眼前的事物的能力，是看到別人未看到的重大意義的能力，是看到機會的能力。

　　作家喬治‧巴納說：「遠見是在心中浮現的事物將來可能或著應該是什麼樣子的圖像。」

　　你要看清自己的遠大目標，問一問自己的願望：我要飛多高？我要飛多遠？我要飛到何處去？我如何才能到達那裡？

　　只要你心中有了這樣一幅宏圖，就能從一個成功走向另一個成功，就能利用現下的資源作為跳板，前往更好、更高、更令人欣慰的境界。

　　人無遠慮，必有近憂。

　　目標愈遠大，意志才會愈堅強，絕沒有無緣無故的堅韌不拔。「忍辱」必然因為「負重」，能忍的程度決定於目標的大

小。

　　沒有遠大的目標，你的一生都將是他人的陪襯和附庸，沒有遠大的目標，就沒有動力，沒有長期的目標，就會有短期的挫折感。漫無目標的飄蕩，終究會迷失航向而永遠抵達不了成功的彼岸。

　　請嚴肅看待短期目標，確切作答，仔細考慮幾天後，用筆寫下你的這些目標，它們應該就是你個人的明確承諾。

■我長期的事業目標是：

■此後12個月內，我的短期目標是：

■到明年的今天，我的工作和生活會有以下的改變：

■在完成目標的過程中，我可能會面臨的困難是：

■為了達成我的目標，我應該獲得以下的這些新能力：

🌸 **12.善用你的野心**

　　野心，通常被認作與有野心的人聯繫在一起——即與那些不管如何俗氣，都很願意得到某種名聲並為此而奮鬥的人聯繫在一起。

　　然而，現實中存在著健康的野心。人最大的卑鄙莫過於對榮譽的追逐。但這同時也是人聰明才智的最崇高的標誌，因為無論他在世界上能夠佔有什麼，無論他的健康和享樂達到何種水準，只要他尚未獲得人的尊嚴，他就絕不會滿足。人對人類理性的估價很高，以至於當他還沒有被抬高到評判他人的地位時，他也絕不會滿足。

　　列維·托爾斯泰年輕時就曾在自己的日記裡直言不諱，正是自尊心和野心時常激勵著他去行動。令他回味無窮的經歷是在雜

誌上閱讀關於《馬克爾的筆記》的評論。托爾斯泰發現這些評論既能供人消遣又具實用價值，因為從中能看到「野心的亮光可以喚來行動」。

研究創造行為和科學多樣性的心理學家，將野心看做一種最有創造性的興奮劑，他們相信野心在本質上就是充滿活力的東西。

當然，過度的野心勃勃便是醜惡了。即使是人類最好的品質，在被誇大到荒謬絕倫的地步時，不也會轉變為它們的反面嗎？

一位哲學家說：「自我實現是人類最崇高的需求之一。它從來都是人生的興奮劑，是一種抑止人們半途而廢的內在動力。自我實現的欲望愈是強烈，一個人在他的生活旅途中就愈是信心百倍，成果斐然。」

的確，健康的野心乃是形成自我尊重心理的偉大力量——如果這種野心是健康的，而非只是追求名聲的病態野心。

健康的野心能使一個人變得更為完美，並能推動他探索自己前進的方向。一個人若不追隨那些比自己知之更多，也更聰明或完美的人，他要獲得智慧、發展和提高自己，如果說不是不可能的話，至少也是很艱難的。競爭中的領先者——那些總走在前面的人——都會受到別人的嫉妒，就如普希金曾說過的，人們會說這些人是「……競賽的同胞姐妹，因此生產他們的種子好」。

我們應時刻牢記一條重要準則：人們根本不應當同情那種「狗咬狗」的競爭，而應加強那種於其中無人落在最後的真誠的競爭。這是競爭的基石。

如果把野心隱藏起來，從而墮落去追求某種對他人有害的、病態的、邪惡的東西，那就很糟糕了。忽視了為什麼並怎麼努力

「提高自己的價值」，有這種野心的人也就會開始向他生活於其中的社會挑戰。

俄羅斯有一句諺語：「他是一名不願成為將軍的士兵。」這句諺語是對正常野心的解釋。野心家類型的士兵會把成為「將軍」當作最終的目的，他可以不惜任何代價、真心實意地獻身於這項事業。

在這裡，令人發奮向上的其他種種衝動，與一個人既非為遠大目標亦非為共同事業而犧牲一切不再有什麼關係，那個士兵只有成為一名將軍的欲望。

當一個人成熟的時候，他的各種動機就會發生變化，野心有時也會受挫而失敗。這種情況出現的早晚因人而異，但不管怎樣，野心都會有所變故。

課後分析：

◆目標，一直是人類歷史上每一項成就的起點。

◆對一艘盲目航行的船來說，任何方向的風都是逆風。

◆追求目標的真正目的，乃是在這個過程中塑造自己，發揮自己的潛能。

◆當你一旦界定出目標，你大腦的潛力便豁然開啟。

第六課
還想什麼，立即行動

Potencecy Exploit

　　如果你希望做成一件事，你會怎樣著手進行呢？首先，問你自己：「我是否應該要做這件事呢？」考慮之後，如果這件事是正當的，在你的心裡切勿再存懷疑。明確地去做吧！

　　鼓起勇氣去做你一直想做的事，一次有勇氣的行為，可以消除所有的恐懼。不要告訴自己非做好不可，記住：去做，比做好更重要！

　　福特這位號稱美國「汽車大王」的企業鉅子，他說得更簡單：「不管你有沒有信心，去做就準沒錯！」

第六課
還想什麼，立即行動

🌸 1.打開另一道門

有些人所以不能成就大事，是因為他們沒有把行動的力量發揮出來。

根據生命的定律，命運的門關閉了，信仰會為你開另一道門。所以我們應該積極尋找一道敞開的門。而在幸運之門前向你招手的，就是「行動」。只有不停地從事有意義的行動，我們才能從挫折、不幸的境遇中解放出來。

成功與失敗的分別在於：前者動手，後者動口，卻又抱怨別人不肯動手。

很多人都知道哪些事該做，然而真正身體力行去做的人卻不多。樂觀而沒有積極的行動來配合，就只是一種自我陶醉。

查理在孩童時就一直想學鋼琴，但他沒有鋼琴，也沒有上過課、練過琴。對此他深感遺憾，他表示決定長大後一定要找時間去學鋼琴，但他似乎沒有時間。這件事讓他很沮喪，當他看到別人彈鋼琴時，他認為「總有一天」也可以享受彈鋼琴的樂趣。但這一天總是那麼遙遙無期。

光是知道哪些事該做仍是不夠的，你還得拿出行動才是。赫胥黎說：「人生偉業的建立，不在能知，乃在能行。」用心定下的目標，如果不付諸行動，便會變成畫餅。

希望大家不僅認識這些教誨，更要去實現它，因為知道是一回事，去做又是另一回事。《聖經》說：「只是你們要行道，不要單聽道，自己哄自己。因為聽道而不行道的，就像人對著鏡子看自己本來的面目，看完後，隨即就忘了他的相貌如何。」

偉大的藝術家米開朗基羅曾看著一塊雕壞了的石頭說：「這塊石頭裡有一位天使，我必須把她釋放出來。」

成功的畫家盯著畫布說：「裡面有一幅美麗的風景，等著我把它畫出來。」

作家盯著稿紙說：「這兒有一本曠世名著，等著我把它寫出來。」

企業家說：「我有一個很好的創業理念和理想，我一定會做到，它等著我將它達成。」

你呢？我們往往都只看見理想或是夢想，卻從不採取行動。為什麼不採取行動呢？

現在我們已經準確定義了自己的目標，那麼踏上征途的最佳時間是什麼時候呢？現在就是——如果不是物理意義上的，也是精神意義上的。

我們要毫不遲疑地踏上遠途，如果猶豫的話，也許事情就會擱置幾個星期、幾個月，甚至永遠，然後結局就像那些老人們的一樣：當問如果時光可以重來，他們會……這些被我們視為理所當然的事都是他們當年沒能抓住的機會。

別再猶豫了，如果想做的事情是符合法律和道德規範的，既不會傷害別人，自己又不會有什麼損失，何必顧慮那麼多呢？

請別讓自己變成那樣，現在就放膽去做？

為什麼不敢輕易嘗試？誰沒有童心？誰沒有雅量？在你看來太過突兀的事，別人可能也很想做，只是沒勇氣嘗試而已，現在

你勇敢地去做了，他們還可能為你鼓掌喝采呢！再說，既然未對他造成任何不便，對方怎麼會容不下。

也許身邊的人不喜歡你依自己的想法去做，而讓你想試卻不敢動手。那又怎麼樣呢？你是該為別人著想，可是不也該為自個兒多考慮一些嗎？

每個人都有許許多多的夢想，實現夢想的企圖心也很強。可是就是一直都在原地踏步。他們總是不停地規劃：下個月要去哪裡，明年要做什麼，但就是停留在計畫階段而已，一年、兩年過去了，也不曉得要到何時才會實現。

如果願意的話，每一天都可以是嶄新的開始，你的機會就是現在。

🐝 2.養成行動的習慣

如果你習慣性地1月1日下決心的話，不管決心是什麼你都實現不了，雖然你都會著手去做，但一般只能堅持到3日或4日，這時大腦開始毫無例外地回憶起失敗的經歷。比如你下決心每天早起40分鐘出去跑步，你也許會堅持二到三個星期，但從未成功的記憶判了你的死刑，原因只是「一直都是這樣」。

如果你希望與眾不同，那麼從現在開始吧，如果不是馬上採取行動，至少也要做好心理準備，為將要發生的變化打好基礎。

如果沒有勇氣離開海岸，你永遠不會發現新大陸。

把為什麼必須現在就開始的原因寫下來，把對你有利的所有的東西都列出來，這會加強你解決問題的信心。

隨著不斷取得小小的成績，你的自我評價在增加，行動將變得更有意思，整個過程也更激動人心，你會變得更有熱情、更自

信、更快樂。

你將發現人們注意到了你的這種新信心，這種內在財富來自於你清楚知道自己的目標，清楚你的目標會實現的，所以今天就開始吧。

社會上，有能力的人非常多，這些人成功的真正原因中，有一個不可缺少的要素，就是「行動的能力」。不管你是經營事業、推銷產品、研究科學或是在公司任職，各行各業中，成功的必要條件都是「行動」，也就是做一個能夠自動自發的人。

光是有好的構想是不夠的，如果只有一個構想，但是能夠積極實行，總比有很多構想而不去實行來得好。

人可以分成兩種類型，會成功的人屬於積極的，我們把他稱為「積極派」，而普通平凡鮮能成功的人是消極的，我們把他稱為「消極派」。積極派的人是實行家，他們發起行動來成就事情，把自己的構想計畫付諸實行。而消極派則是不實行派，他們往往找各種藉口，一直拖延到來不及為止，一點也不積極地採取行動。這兩種類型的人的差異可在許多小事情上看得出來。

積極的人如果計畫休假，就能很快付諸實行，但消極的人如果也有這種計畫，他們往往會拖到第二年。

其實這兩種人不只在小事上有差異，在大事上也全然不同。積極的人如果想要獨立做生意，很快就會實現，而消極的人雖然是這麼想，但在實行之前，往往會因「不要做這個比較好……」等等藉口，而不願開始行動。

積極派和消極派的差異，可以在所有行動上表現出來，積極的人，想做什麼可以馬上實踐，結果往往獲得許多副產品，如：信賴、安定的心情、自信，以及收入的增加等。

消極的人卻沒有什麼行動，他們常只會空想，而眼睜睜地讓

時光溜走。他們在開始行動之前，就會說什麼：「要等到所有事情有百分之百的把握，可以順利進行時……」也就是要等待時機，以求盡善盡美……

但是我們要做的事，誰能有百分之百的把握？因此，這些藉口往往使他們「永遠在等待」，而一事無成。

無論什麼人，若想走成功之路，一定要養成「行動」的習慣。採取行動時，要注意：不要讓你的精神役使你，而要想法子運用精神。

雖然工作很單純、很瑣碎、也很討厭，我們還是可以試用機械的方法去做。不要一直存有「討厭」的念頭，應該試試看，先把自己投入工作，不要猶豫地把這工作做做看。

在做構想、做計畫以及解決問題，和其他需要高度精神作業的工作時，你用機械的方法做做看，不要讓精神役使你，先按捺住性子，坐在桌子前運用你的精神試試看。

運用你的精神的秘訣是：先準備好紙筆，即使是五元、十元錢的鉛筆也無所謂，往往這些廉價的鉛筆就會替你帶來無限的財富，因為它是使你精神集中的最佳道具。

當你在紙上寫出某種想法時，你所有的注意力會集中在思考裡，那是因為精神一方面在做著思考，另一方面和思考不一樣的事也能顯示出來。你在紙上寫下所思考的事時，你在心理上也正將它寫在心版上，你把某一想法寫在紙上時，那事會更正確、更長久地記在自己的腦中，這可以當成是一種憑藉。

當你一旦養成集中精神使用紙和鉛筆的習慣時，你在嘈雜的環境中也能思考，「心情萎靡時，我就執筆寫作。」有這種情況的詩人，可見他對集中精神的道理是頗具心得的。

✿ 3.立即行動

　　每天都有幾千人把自己辛苦得來的新構想取消或埋葬掉，因為他們不敢執行。過了一段時間以後，這些構想又會回來折磨他們。

　　人生偉業的建立，不在於能知，而在於能行。於無窮處全力以赴，你會發現眼目所及之處仍有無窮天地。

　　「我當時本該那麼做，卻沒有那麼做。要是當初做了，我今天早就功成名就啦！」這等於廢話，毫無價值和意義。再好的主意、計畫、打算，若只是說說或寫在紙上，根本未去實現或辦理，那只是自欺欺人或使人空留嘆息罷了。反之，如果真的徹底實行了，去做了，那當然會帶來一定的效益。

　　一個人若制訂了人生目標，但並不去行動，這目標等於虛設。冥想苦思謀劃如何有所成就，如何賺大錢，絕不能代替實地去做。行動才是化目標為現實的關鍵，行動才是潛能的引爆器。

　　為了使行動容易，將所需的工作環境整理好，或把周圍一些令心情散亂的事物消滅掉，也是必要的措施。但最重要的，是你開始要做的「欲念」。在報社這種喧鬧的環境中工作的記者，或在忙碌的證券和股票堆中工作的營業人員，只要他們有去工作的意念，仍然可以將周圍的嘈雜從心中驅逐出去，而全神貫注於自己的工作上。

　　行動的最好方法，就是要馬上去做，立刻去做，不論從哪個角度看，這都是一句真理。

　　有一位美術設計師，他很有能力。每當他到了工作的時間，一定馬上拿起畫板開始做事，這段時間內，他從來不打電話閒談，也不會喝咖啡等等。他從長期的經驗中已了解到，在紙上沒

有成績是不可以到任何地方去的。

你也要像那位美術設計師一樣，從尚未完工的地方，繼續工作。開始工作是需要幹勁的，一定把這一點放在腦中不要忘記。如果在工作中途要停頓，應該在段落顯明的地方停頓，或者在把工作停下的時候，自行決定「什麼時候」、「如何再開始做」的腹案。

需要新資料時，要找找看其中有沒有你所熟悉的因素，假使有，必須利用它作為出發點。假使找不出直接的類似點，不妨和你過去的經驗或你所知道的其他狀況比較看看，這麼做或許你就會找到再度著手的有利線索。

某種事情，無論如何不可能辦到時，一定要找出問題的核心，面對它的癥結所在，一旦克服了它，其他部分就容易解決了。假使你無論如何也找不出邏輯做法時，應該在「你認為可以」的地方著手。

平時就要養成一種習慣，用自我激勵警句「立即行動」對某些小事情做出有效的反應。這樣，一旦發生了緊急事件，或者當機會自行到來時，你同樣能做出強有力的反應，立即行動起來，而不至於任由機會擦身而過。

假如你一直想打電話給一個人時，但由於拖延的習慣，你沒有打這個電話。當「立即行動」的警示進入你的意識心理時，你就會立即去打這個電話。

假定你把鬧鐘設定在上午6點。然而，當鬧鐘響時，你的睡意正濃，於是起身關掉鬧鐘，又回到床上去睡。久而久之，你會養成早晨不按時起床的習慣。但如果你聽從「立即行動」這一指令的話，你就會立刻起床，不再睡懶覺。

許多人都有拖延的習慣。由於這種習慣，他們可能出門誤

車，上班遲到，或者更重要的——失去可能更好地改變他們整個生活進程的良機。歷史已經記錄了有些戰役的失敗，僅僅是由於某些人拖延了採取得力行動的良機。

立刻去做！可以應用在人生的每一個階段。幫助你做自己應該做、卻不想做的事情。對不愉快的工作不再拖延。像曼利一樣，抓住稍縱即逝的寶貴時機，實現夢想。

不論你現在如何，用積極的心去行動，你都能達到理想的境地。

🌸 4.衝破情緒的阻隔

你是否曾經有過這樣一種感覺，自己體內有些什麼東西阻止你去完成一項工作？剛剛著手去做一件事時，儘管是一件很小的事情，卻覺得不能勝任？也許你要做的是一件大事，關係到你的一生，卻仍然無法動手去做？

如果這種阻滯的潛意識支配了你的行動，你便受到了阻礙，而不是全力以赴解決問題、爭取勝利。你的頭腦似乎變得呆滯了，往往忘記你想要說什麼話、做什麼事。你會發現自己逃避所要做的事，白白地浪費了光陰，更不要說去積極行動了。

大衛曾是一位多產的作家，他是有才能的。但是最近不知道為什麼面對稿紙時他總是寫不出東西來。

大衛希望在動筆之前先產生靈感，然後才能寫作。他認為，優秀的作家總是在覺得自己精力旺盛、才思泉湧的時候才動筆。為了寫出好的作品，他覺得必須「等到靈感來了」之後再寫。如果哪一天覺得情緒不高，就意味著那天他不能工作。

不用說，既然要符合這樣理想的條件才能工作，他就很少覺

得情緒好到能夠辦成任何一件事情。他對於自己缺乏創作的欲望
而感到失望，這就更使他不能「情緒好起來」。所以，他寫出的
東西也就更少了。

美國國家圖書獎獲獎者喬伊斯·卡羅爾·奧茲的做法正好相
反。他說：

「對於『情緒』這種問題必須毫不留情。在某種意義上說，
寫作會產生情緒。如果我覺得精疲力盡，覺得精神疲憊到只剩下
一口氣，覺得為任何東西也不值得再堅持5分鐘，那麼，我就強制
自己去寫。不知道為什麼，一寫起來，情況全都變了。」

其實，大衛需要採取的第一個步驟就是培養「能夠坐下來的
力量」。要想寫東西，就得在打字機前面坐下來。這個道理聽起
來很簡單，但是常常很難做到。大衛平常想要寫作時，腦子就變
得空白。這種情況使他感到害怕，所以不願意瞪著空白的稿紙，
就趕快離開了打字機。

對於大衛來說，泡在浴室裡擺弄擺弄鬍子，或者待在花園裡
收拾玫瑰花，是不會想出白紙上的黑字來的。要想完成一項工
作，就得待在可能實現目標的那個地方。像大衛這種情況，他非
得在打字機前面坐下來不可。

為了克服寫作阻滯現象，大衛訂了一個日程表。每天早晨7點
半，他的鬧鐘要響起來。到了8點鐘，他得坐到打字機前面去。他
的任務就是坐在那裡，一直坐到在紙上打出些什麼來，如果打不
出來就坐一整天。

他還訂了一個獎懲辦法：如果打不滿一頁紙，就不准吃早
餐。

第一天，大衛憂心忡忡，焦躁不安，直到下午兩點還沒打滿
一頁紙，自然也就省下一頓早餐。

第二天，大衛進步很快，剛坐到打字機前面兩個小時就打滿了一頁紙，能夠早一點吃早餐了。

第三天，他幾乎一下子就把第一頁紙打滿了，而且又打了5頁紙才想起吃早餐。

他的作品終於創作出來了。他就是靠坐下來動手學會了怎樣勇敢地承擔艱難棘手的工作。

美國劇作家尼爾‧西蒙也是個著名作家，寫過許多著名的劇本和電影腳本。他也經常遇到「寫作阻滯」現象，他的辦法就是「坐下來」。

他承認，有時一連幾天寫起東西來很費力。但是，每一天他都強迫自己坐到打字機前面去打字。一旦在紙上打了出來，就有機會看出創作結果是壞是好，然後也就能夠動手修改潤色了。正是改寫的過程推動著他走向要實現的目標：

「寫劇本只有在改的時候才真正是一種樂趣。……打棒球的時候，一個人只有三次擊球的機會，三擊不中就出局了。而在改寫劇本的時候，你想要多少次擊球機會就有多少，而且心裡很明白，或早或晚總會打出一個好球的。」

如果你能這樣去做，就能幫助你做第一次衝刺。第一次衝刺雖然成功的機會很小，但是可以使你不再恐懼和顧慮重重。第一天，你甚至可能覺得渾身難受，但是別洩氣，第二天就會輕鬆一點。試到第三天，你也許覺得輕鬆得多，甚至覺得用這種「能夠坐下來的力量」來對付艱難的工作是件很好的事情了。

要想在你打算有所改變或者有所創新的領域裡取得成功，動手去做是最關鍵的。大衛動手去做了，你也同樣能夠這樣做，你是能夠動手去做的！

5.跨出第一步

設定目標之後，重要的是跨出第一步。

63歲的查理斯‧菲莉比亞，決心從紐約市徒步走到佛羅里達的邁阿密。

到達邁阿密時，記者訪問她，為何她有勇氣徒步走完全程？

「走一步路不需要勇氣，」菲莉比亞老太太回答，「就是這樣，走一步，再走一步，一直走下去，結果就到了，關鍵是邁出第一步。」

「是的，你必須走出第一步。不論你用多少時間思考和研究，都要在行動之後才會有效果。」

詹姆斯是一家公司的老闆，也算是事業有成者。他有一個極好的朋友，有一次，朋友給他提了兩個問題：

「如果你17歲那年接受了父母安排的第一次婚姻，那麼你的現在會是一種怎樣的情景？」

詹姆斯十分坦誠地告訴朋友，此時也許成了兩個孩子的父親，學會了抽草葉子菸，還會在農閒季節和鄉鄰在一起賭錢、喝酒度光陰，為兒女雙全、嬌妻在懷而津津自得。

朋友提出第二個問題：「如果你27歲那年，不放棄你的教師職業決心考研究所，仍然做一個鄉村教師，那麼你的現在又是怎樣的情景呢？」

詹姆斯仍然很直率地告訴朋友，在教師職位上，他將終生一事無成！因為他缺乏做教師的敬業精神，其次是他當教師的地方極缺乏一種整體氛圍，把「教師」作為「飯碗」者居多，作為職業的觀念與行為者較少，在這種環境中，很難成就大事。

詹姆斯之所以是現在的詹姆斯而不是原先的那個詹姆斯，究

竟是由什麼決定的呢？要知道在他的人生軌跡中，每一步都完全可以促成另外的一種人生風景，究竟是什麼產生了決定性的作用？

答案只有一個？那就是他自己的決定。

我們常常習慣於對自己的悔悟，卻疏於從悔悟中拿出勇氣和生活的動力去決定人生的方向。儘管很多人都知道牢騷沒有用，憤懣和自怨也沒有用，但就是在應該拿出決定的時刻畏縮了！

人生取決於你的決定，而非遭遇的境況。

成功多屬於那些能很快做出決定，卻又不輕易改變決定的人。失敗也屬於那些很難做出決定，卻又經常改變的人。一旦你仔細思索而做出決定，那就堅持到底吧！

一位溫文爾雅的律師，堅持和平手段，竟然有能力傾覆一個龐大的帝國。

他就是甘地！他因此而被印度人尊為國父，也因為他採取非暴力的抗爭方式，使得印度人民掙脫了被奴役的地位，隨後引發各國爭取獨立的連鎖反應。當初，大家都認為甘地做的是白日夢，可是他卻堅持所做的決定，結果終成事實！

一個立即付諸行動的決定，並且堅持不渝，它所散發出來的力量何其大哉！如果你也能激起如甘地的激情、決心及行動，不達目標誓不休，那麼你將會創造出何種成就？

如果你達到了所定的一年目標，請問內心有何種感受？你對自己會產生何種看法？從而又使得你對人生產生何種想法？好好回答這幾個問題，這將有助於你找出達到那個目標的真正理由。當你確實清楚為什麼要這麼做的理由時，就能順理成章的想出該怎麼做的方法。

追尋並實現夢想，開始行動似乎並不順利時，是不是就此動

搖而另謀他途呢？絕對不能有此念頭！具備堅持到底的毅力，這乃是建構成功人生最有價值的品格。因為要想實現目標，不能單憑興趣，而必須全力以赴，一時的挫折，完全可能提供你日後更大的成功的眼光和經驗？

6.行動增強信心

你害怕進入陌生場合嗎？你害怕電話訪問嗎？馬上就行動，你的恐懼便會一掃而光。萬一你仍舊拖拖拉拉，你會愈來愈不想去做，且越來越對自己沒有信心了。

你是不是懷疑自己的健康問題？只要你去做一次全身健康檢查，所有的疑慮都會消失。你可能什麼毛病也沒有。萬一有，也可以及早發現。如果不去檢查的話，你的恐懼會愈來愈深，直到真正生病為止。

你是不是有一個問題一直想跟主管討論？馬上找他討論，這樣才會發現根本沒有那麼恐怖。

行動本身增強信心，不行動只會帶來恐懼，克服恐懼最好的辦法就是行動。

建立你的信心，用行動來幫助你達到目標，用行動來激發潛能。

愛麗娜和露絲的父親是一個失敗的畫家，他有才能，但他必須賺錢維持一家生計，這就使他無法作畫而只是收集圖畫，這樣，露絲姐妹就增長了美術的知識和可貴的鑑賞力。

她們的朋友常來同她們商量應當買什麼樣的畫去裝飾他們的家，而且她們常常把她們收集的畫借給朋友們使用很短的一段時間。

一天夜裡三點鐘，愛麗娜喚醒了露絲。

「不要爭論，我有一個極好的想法！我們馬上成立一個租賃公司。」

「什麼租賃公司？」露絲問道。

「就是把家中的畫收集起來，出租出去，收取租金，我們所要做的事是開展圖畫出租的業務！」

露絲同意了。這是一個極好的想法。就在同一天，她們開始工作了——雖然朋友們警告她們：有價值的圖畫可能遺失或被盜，也可能發生法律訴訟和保險問題，但她們仍堅持下去——她們籌措了300美元的資金，並且說服了父親把皮貨店的底層提供給她們開展業務。

她們從珍藏的圖畫中選出1,800幅裝在畫框中，她們不顧父親憂傷而反對的眼光，她們積極地行動起來了。

這個新奇的想法實現了，雖然第一年是艱難的。她們的公司稱為「紐約循環圖畫圖書館」，大約有500幅圖畫經常出租給商業公司、醫生、律師以及家庭。

有個重要的租戶是一位在麻薩諸塞州懺悔所中待了8年之久的人，他很客氣地寄來一封信，也許這個圖書館考慮到他的住址，不會借畫給他。但是除去運費，一些畫免費借到他的手中了。監獄當局為了回報這個圖書館，寫了一封信給露絲和愛麗娜，說明她們的圖畫如何用於藝術欣賞，使幾百個囚徒獲益匪淺。

露絲和愛麗娜從一個想法出發，積極行動起來，行動增強了她們的信心，行動開創了她們的事業。

✻ 7.敢作敢為最聰明

除了真正的使命感之外，行動還需要膽識。

膽識是一種能力，它幫助我們去做某種說不清什麼原因使我們在本能上感到害怕的事情，它可能是我們每天都會經歷在本能上感到害怕的事情，它可能是我們每天都會經歷到的東西，比如，害怕被人嘲笑、害怕失敗、害怕意想不到的變化，或是其他什麼使我們內心裡想要退縮的事情。

我們之所以退縮，是因為只有在退縮之後，我們才感到安全。如此一來，儘管我們得到的不是我們內心裡期待的東西，但至少我們會感到舒適。

我們常常將膽識與勇敢聯繫在一起，但勇敢可能更多地表現維生活處於危險境地時而自然產生的非同尋常的個人反應。這種勇敢在我們的生活中可能是永遠無法加以驗明的東西，相反地，膽識則是我們人人具有、每天都要用到的一種特質，認識到這一點並付諸行動，我們就能有很大的進步。

當我們對周圍的一切熟視無睹時，周圍的一切卻在發生著飛速的變化。我們愈來愈感到自己不合時宜，這進一步強化了生活中的障礙，使我們心甘情願地任憑事情自己發展。唯有我們的行動中充滿自信和激情，並在總結經驗、戰勝恐懼時，成功才會出現。

為了到達目的地，我們常常要運用自己的膽識去發現我們目前的處境，無所畏懼，並從失敗中吸取教訓。開展業務、開拓處女地或是單純地學習一項新的技術，都需要我們的膽識，膽識來源於堅強的信念：不僅可以取得成功，而且能保證取得成功。

假設你現在要開始你自己的業務，你印好了你的信箋信封，

分發了很多小傳單，向潛在的客戶送出了上百封的信函。但一切都是白費工夫。於是你決定把與客戶見面當作下一個步驟，無視先接觸或任何緣由而逕自給潛在的客戶打電話。問題是你雖然努力去試驗了，但你卻總是失敗，因為每次打電話你都是半途而廢。即使你遇到了成功的機會，也會特別緊張，說話不得要領，為自己冒昧的電話而抱歉，無法獲得見面的機會。

為什麼？因為對被人拒絕、被人瞧不起的恐懼使我們退縮。想像中的失敗感超出了想像中的成功感。奇怪的是，克服這種恐懼心理需要膽識，需要毅力，需要確定的目標，需要對成功的堅定信念，並一心致力於目標，無論遇到何種情況都不放棄。

生活中要戰勝的最主要的恐懼是對失敗本身的恐懼。失敗既然已經發生，就要從中吸取教訓，失敗並不能證明你總是要走向失敗。

現代最偉大的高爾夫球手傑克‧尼克洛，對一個從事這項活動的青年職業選手說，他永遠不會忘記，他失敗的次數遠遠超出成功的次數。

失敗是進步曲線的一個組成部分，失敗只是意味著我們做的不對，無論我們做的是什麼事。

考察一下成功的推銷員，高銷售額的推銷員的一個共同之處是，只有在有了六七次接觸之後，他們才開始與人約見並賣出產品。這些推銷員並不是什麼幸運者，他們只是具備了充分的信心與積極行動的膽識，戰勝了被人拒絕的恐懼心理。

世界上有許許多多的人不敢冒險，只求穩妥。

在我們這一生中，在某些時候我們必須採取重大的和勇敢的行動，但這只是在仔細考慮這次冒險以及成功的可能性之後才採取的行動。

偉大的成功者在機遇降臨時總願一試身手。有趣的是，這類成功人士多數聰明能幹，嚴於律己。

有這樣一個人，頭腦聰明、機智靈活。如果把他的成功和失敗畫成圖形，那看起來肯定像阿爾卑斯山那樣起伏不平。

他樂於冒險，在飛機上同鄰座的陌生人談了一會兒話之後，就給某個工程投資50萬，這一工程像火箭一樣迅速增值，但後來卻像枯草那樣垮下來。他曾坐著雇有司機的勞斯萊斯轎車到處兜風，但有一天他跑去向朋友借車，因為他已沒錢購買從芝加哥到底特律的車票。

他這樣不是敢作敢為，是蠻幹。

在面對是否採取行動的問題上，特別是這種行動涉及冒險時，我們會發現自己猶豫不決、坐失良機。在這種情況中，是傳統的觀點在作怪：「不要魯莽行動，這裡很可能有危險，不要去嘗試。」

這常常是明智的勸告，但身為作家兼牧師的威廉・埃勒里・查寧卻這樣說道：

「有時……敢作敢為最聰明。」

🐝 8.沒有做不了的事

在美國經濟大蕭條最嚴重時，在多倫多有位年輕的藝術家，他全家靠救濟過日子，那段時間他急需要用錢。此人精於岩筆素描。他畫得雖好，但時局卻太糟了。在那種艱苦的日子裡，哪有人願意買一個無名小卒的畫呢？

他對此苦苦思索，最後他來到多倫多《環球郵政》報社資料室，從那裡借了一份畫冊，其中有加拿大的一家銀行總裁的正面

肖像。他回到家，開始畫起來。

他畫完了像，然後放在相框裡。畫得不錯，對此他很自信。但他怎樣才能交給對方呢？

他在商界沒有朋友，所以想得到引見是不可能的。但他也知道，如果想辦法與他見面，他必定會被拒絕。寫信要求見他，但這種信可能無法通過這位大人物的秘書那一關。這位年輕的藝術家對人性略知一二，他知道，要想穿過總裁周圍的層層阻擋，他必須投其對名利的愛好。

他決定採用獨特的方法去試一試，即使失敗也比主動放棄強，所以他敢想敢做。

他梳好頭髮、穿上最好的衣服，來到了總裁的辦公室並要求見見他，但秘書告訴他：事先如果沒有約好，想見總裁不太可能。

「真糟糕，」年輕的藝術家說，同時把畫的保護紙揭開，「我只是想拿這個給他瞧瞧。」

秘書看了看畫，把它接了過去。她猶豫了一會兒後說道：「坐下吧，我就回來。」

她馬上就回來了，「他想見你。」她說。

當藝術家進去時，總裁正在欣賞那幅畫。「你畫得棒極了，」他說，「這張畫你想要多少錢？」

年輕人舒了一口氣，告訴他要25美元，結果成交了。要知道，那時的25美元至少相當於現在的500美元。

為什麼這位年輕藝術家的計畫會成功？

他刻苦努力，精於他所做的行業。他的想像力豐富，知道如何巧妙避免拒絕。他敢想敢做，他不想賣給鄰居，而是去找大人物。

但最最關鍵的是他敢於另闢蹊徑，他不害怕去做那些「做不了的事情」。

客觀環境往往不利於你去發揮自己的潛能。這時候，你應學一學那位年輕藝術家，拿出自己的勇氣，敢於冒險，透過對客觀條件的認真分析，找出發揮自己才能的有利時機，自己創造條件，挖掘自己的潛力。

法國電視台記者穆胡季最近出版了他的著作《勝利者》。他挑選出法國當前35位在各行各業勇於探索、執著追求、戰勝困難而取得成功的人作為書中的主人翁。他們的成就各異，但有一點是共同的，即「熱衷開拓、勇於冒險」的精神。他們戰勝了危機，取得了勝利，鼓舞了一代人的志向。

穆胡季所列舉的敢於冒險、不向壞環境妥協的人最小的24歲，最大的81歲，年齡差距甚大，社會經歷各異，但都是敢於挑戰的人。他認為不管是什麼年齡的人，都可以成為一個創造者、成功者。這是一種精神，是不以年齡界限為轉移的。

敢於冒險、敢於接受挑戰，才能獲得機遇的青睞，才能把自己的潛力充分地挖掘出來。

敢於冒險並不是橫衝直撞，而是有原則：

■相信自己：堅信有能力改變環境。相信自己對生活準確的判斷。

■在鑽研過程險象環生時，以失敗為師，不斷嘗試，勉勵自己「繼續做」，直到成功。

■只要一有空就致力於那個可能做些東西的位置上，積極主動去冒風險，而不是消極應付。

🌿 9.拒絕拖拉的習慣

我們在一生中，總有種種的憧憬，種種的理想，種種的計畫。假使能夠將一切的憧憬都抓住，將一切的理想都實現，將一切的計畫都執行，那麼在事業上的成就，不知有多宏大，我們的生命，也不知會有偉大！

然而我們往往是有憧憬不能抓住，有理想不能實現，有計畫不去執行，終於坐視種種憧憬、理想、計畫的幻滅和消逝。

有時，我們感覺到一項任務不重要，於是做起來就拖拖拉拉。如果這項任務真的不重要，就把它取消好了，而不要拖延然後又後悔。

因為看不到完成一項不愉快的任務有什麼好處，許多人便拖拖拉拉。也就是說，他們認為做這項任務時付出的代價似乎高於做完之後得到的好處。應付這個問題的最佳辦法，是從你的目標與理想的角度分析這個任務。如果你有個重大目標，那你就比較容易拿出幹勁去完成有助於你達到目標的任務。

凡是應該做的事拖延而不立刻去做，留待將來再做，有這種不良習慣的人，是弱者。有力量的人，是那些能夠在對一件事情感到新鮮及充滿熱忱的時候，就立刻去做的人。

每天有每天的事。今天的事是新鮮的，與昨天的事不同。明天也有明天的事。所以今天的事，應該就在今天做完，千萬不要拖延到明天。

在興趣、熱忱濃厚的時候做一件事，與在興趣、熱忱消失了以後做一件事，它的難易、苦樂，不知相差多少！於前者，做事是一種喜悅。於後者，做事是一種痛苦。

擱著今天的事不做，而想留待明天做，在這拖延中所耗去的

時間、精力，實際上能夠將那件事做好。

「命運無常，良機難再。」在我們的一生中，若錯過良好機會，不及時抓住，以後就可能永遠失去它。

你應該竭力避免拖延的習慣，像避免一種罪惡的引誘一樣。假使對於某一件事，你發覺自己有了拖延的傾向，就應該努力改變它，不管事情怎樣的困難，立刻動手去做。不要畏難，不要偷安。這樣，久而久之，你自能撲滅那拖延的傾向。應該把拖延當做你最可怕的敵人，因為它要盜去你的時間、品格、能力、機會與自由，使你成為它的奴隸。

許多人的拖遝已經成了習慣。對於這些人，一切理由都不足以使他們放棄這個消極的工作模式。如果你有這個毛病，你就要重新訓練自己，用好習慣來取代拖遝的壞習慣。每當你發現自己又有拖遝的傾向時，靜下心來想一想，確定你的行動方向，然後再給自己提一個問題：「我最快能在什麼時候完成這個任務？」定出一個最後期限，然後努力遵守。漸漸地，你的工作模式就會發生變化。要醫治拖延的習慣，唯一的方法，就是在事務當前時，立刻動手去做。「要做，立刻去做。」這是人們成功的格言。

日本法西斯入侵馬尼拉時，菲律賓海軍的一名文職雇員被捕了。他被送往一個集中營，他叫哈蒙。就在到達集中營的第一天，哈蒙看見一個難友的枕頭底下有一本書。他向難友借了這本書，這本書叫做《思考致富》。

在哈蒙閱讀這本書之前，他的情緒很壞。他恐懼地想像著在那個集中營裡可能遭受的折磨，甚至死亡。但是，當他讀了這本書後，他就為希望所鼓勵了。他渴望擁有這本書，讓它同自己一起去迎接未來那些可怕的日子。哈蒙在與難友討論《思考致富》

中的問題時，認識到這本書是他自己的一筆巨大財富。

「讓我抄這本書吧？」他說。

「當然可以。你開始抄吧！」

哈蒙立即開始抄書。一字又一字，一頁又一頁，一章又一章，他緊張地抄著。他時刻陷在有可能隨時失去這本書的苦惱中，這本書會在任何時候被拿走，但這種苦惱激勵他日夜工作。

真是幸運，哈蒙在抄完這本書的最後一頁後不久，他就被轉移到臭名昭著的聖多‧托瑪斯城集中營。

哈蒙之所以能及時完成抄書工作，乃是因為他能及時開始這項工作。

哈蒙在三年零一個月的囚犯生活中隨時都帶著這本書，把它讀了又讀。這本書給了他豐富的精神食糧，鼓舞他生活的勇氣，制訂未來計畫，保持和增進心理和生理健康。

聖多‧托瑪斯監獄的囚徒在生理和心理上永遠受了傷害——恐懼現在，也恐懼未來。但哈蒙在離開聖多‧托瑪斯時比他擔任見習醫生時還要覺得好些。在那兒哈蒙更好地為生活做了準備，心理上也更活躍些。在他的談話中，你可感受到他的積極思想：「成功必須不斷地實踐，否則它不會長上翅膀，遠走高飛。」

課後分析：

◆成功與失敗的分別在於：前者動手，後者動口。

◆人生偉業的建立，不在於能知，而在於能行。

◆今天的事今天就做完，千萬別拖延到明天。

◆敢做敢為不等於蠻幹。

第七課
良好氛圍有助於潛能開發

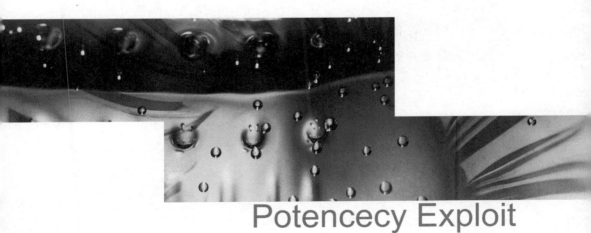

Potencecy Exploit

　　人生活在世界上，不可能是孤家寡人，必須與周圍的各種人
——同事，親戚，朋友，同學，鄉親，父母，妻子，兒女等等
——接觸、聯繫、交往。人皆具有兩面性，真正處理好人際關係
是件極為難辦的事。不管怎樣，人要生存發展，要繁衍後代，就
得力求處理好人際關係。

　　良好的人際關係可使人享有深厚而豐富的感情交流，可促進
人的事業的成功。面對複雜紛繁的社會，在處理人際關係的過程
中，人們往往會感到力不從心，經常處在疲於應付的狼狽境地，
到頭來帶給自己的只是痛苦與難耐乃至挫折，更不用說發揮自己
的潛能了。

第七課
良好氛圍有助於潛能開發

1.創造激發潛能的和諧氛圍

一滴水只有放在大海裡，才能永遠不會乾。

一個人縱然是滿腹經綸，才華橫溢，其能力的實現也離不開一定的人際環境。其能力只有在一定的團體背景下才能突顯，團體的作用豈止如此，甚至還能對個體能力進行放大與倍增。

人的能力到底如何，往往要取決於能力的兌現情況，能力的實現是能力的重要標誌，實現的效果往往成為能力價值的尺度。能力往往要在一定的環境與條件下才能形成與實現，特別是人際環境往往是能力形成與實現的重要因素。

美國某大鐵路公司總裁史密斯說：「鐵路的成分95％是人，5％是鐵。」

他的話反映其他成功人士的共識，也為多項科學研究所證明。無論你是哪一行，或從事何種職業或專業，若學會處理人際關係，你就在成功路上走了85％的路程，在個人幸福的路上走了99％的路程了。

人際關係有時是潤滑劑，有時是阻塞器，它可以幫助我們成功，也可以使我們失敗。我們與配偶的關係怎樣，決定著我們與子女的關係。我們的家庭關係則給我們與別人的關係定下了調子，極少見到長久成功的人與配偶的關係是很糟糕的。

　　同樣的道理，我們與同事、上司及下屬的關係是我們生意成敗的重要原因。除非一個人與別人有良好的關係，否則任何技術知識、技能都不能使他得心應手，發揮自如。

　　幾位教師向二千名雇主寄出一份問卷。調查被解雇的員工的資料，然後回答：「你為什麼要他離開？」無論職業是什麼，地區在哪裡？有2／3的回函是：「因為與別人相處不好而被解雇的。」

　　如果你對此半信半疑，可以看如下事實。人們在對美國商界所做的領導能力調查中證實：管理人員的時間平均有3／4花在處理人際關係上。大部分公司的最大一筆開支用在人力資源上。任何公司最大的，也是最重要的財富是人。管理人員所定計畫能否執行，其關鍵是人。

　　無論你的目標是什麼，選擇了什麼職業，如果你想獲得人生的成功，你必須學會與別人做好關係。

　　人際關係並不是什麼神祕的東西。善於與人打交道並不侷限於生來就有某種魅力的人，雖然有些人的確天生有這方面了不起的本領，但對我們大多數人來說，與人保持良好關係的本領是後天學習得來的。下面的這些原則就能指導幫助你了解別人，建立良好的人際關係，創造一個激發潛能的和諧氛圍：

　　1.不要低估任何人的價值。

　　2.別佔他人的便宜。

　　3.虛心請別人提建議或給予幫助。

　　4.別忘了給朋友「好東西」。

　　5.多考慮別人的感受。

　　6.把注意力從自己身上移開。

　　7.真誠地關心別人。

8.認真地了解別人。

9.在生活中注入包容和理解。

✿ 2.掌握人際的技巧

人際關係是一把雙刃劍，在個人能力的形成與實現過程中，既產生積極的促進作用，又會發揮消極的阻礙作用。

特定的人際關係可能會影響一個人能力的價值性。「近朱者赤，近墨者黑」，跟不走正路的人混在一起，形成的能力多半會是歪門邪道、偷雞摸狗之徒。

人際關係還會影響能力的結果。一個人的興趣志向容易受其交際圈子的影響，「道不同不相為謀」，一個足球迷很難長期生活在一些象棋愛好者之中。因此，一旦一個人適應某個圈子並樂不思蜀的話，則他的興趣乃至能力結構都將被同化。

人際關係還會影響能力水準。所謂強將手下無弱兵，由於示範效應與普通的「相互看齊」心理作用，必定會使圈子成員的整體水準提高。反之亦然。因此，當自己的人際關係可選擇時，一定要選擇健康、高層次，而有利於自我發展與完善的人際環境。

一個和諧、融洽的人際關係環境可使你如魚得水，盡情遨遊，縱橫捭闔，游刃有餘，不僅使你如虎添翼，大顯身手，更會使你鴻圖大展，夙願成真。

環顧四周，能夠嫻熟掌握人際關係技巧的人，並不太多。但是如果學會下面幾個原則，就不會那麼困難了。

一、不要吝惜善意的問候

安先生在企業界很有名望，有一次因病住院開刀，他的朋友買了鮮花去探望他。

一進門，那位朋友就看到了滿屋慰問品。安先生笑著說：
「非常感謝你來看我！相比那些貴重的禮物，我更喜歡你的一束
鮮花和發自內心的問候。」

「雖然說，送這些慰問品，是很平常的事，但是我也可以想
出那種情形：某位董事長，交代他的秘書，你去聯絡『××公司
的××先生，請他送束花到××醫院，他好像住在××病房，請
你查清楚，另外再送2,000元，不！3,000元好了，那個人對我們公
司很有幫助……』這種情形非常多，但是，給我印象最深的，卻
不是這些東西。」

「因此我就下定決心，等我出院以後，如果碰到生病的朋
友，我一定要親自或寫信慰問他，當然，我並不是說那些慰問品
不好，而是要表示我的人情味。」

所以說善意的問候，常常能溫暖對方的心，這種效果，比送
任何東西，都來得有意義？

二、把標準降到對方的水準

想讓別人接受自己的想法，最好能把標準降低到對方能理解
的程度，這樣才能引起對方的共鳴。

愛默生說：「簡單，就是偉大的事情。」

歷史上，耶穌是位頗具影響力的人，他為了說明自己的道
理，都常常用比喻的方法。絕對不用強硬的語氣說：「你應該這
樣做！你應該那樣做！」而是把實行的好處，用生動的譬喻告訴
大眾，絕沒有說教的意味。

的確，最好的說明方式，就是用淺顯的實例，讓人馬上就
懂。白居易的詩，所以備受歡迎的原因，大概就是因為老嫗皆能
朗朗上口？

三、替人保守祕密

如果能為對方保守祕密，你就可以得到兩種好處：獲得朋友，他知道自己說的話，絕對不會洩露出去，他就會深深地信賴你。他會說出更多的真心話，這和你保守祕密的程度成絕對的正比，他會對你說出更多的「知心話」。

某大學校長，在闡述他在管理上的心得時說：

「你一定會感到驚奇？每天都有這麼多的人，湧到我的辦公室。他們都是來傾吐心中的煩惱問題，他們會毫不掩飾地說，我也是細心地聽，盡量地去為他們解決。每天都有川流不息的學生，你知道為什麼嗎？因為他們知道，對我所講的事情，絕對不會洩露出去的。」

你若想周圍的人，對你說出「祕密」，就得為他保守祕密，這樣才能獲得對方的信賴和尊敬。

技巧要學，但作為一個人，要想應付錯綜複雜的人際關係，必須首先重視自己的修身之道，即修練好自己的內功，做到遇事不慌，臨危不懼，灑脫自如，笑看一切。具有了這套真功夫，任憑在人際交往中冒出什麼樣的奸猾之人、唯利是圖者、害人之人，都自有辦法對付。在人際交往中，如果遇到的是好人、善人，那就好辦了，只要以誠相待，客客氣氣，該辦什麼事就辦什麼事，相互不必猜疑，不必防備。這是一種令人愉快的人際關係。

在人際關係中，還要講求禮貌、誠實、仁慈及信用。做到了這些，便會贏得別人的信賴。

了解別人是交往的前提，只有了解別人的好惡，才能談到增進彼此的關係。不要以為自己的好惡與需要就是別人的好惡與需要，一切以了解別人為提前。

在人際關係中，禮貌的不周，小小的言語失誤，某一動作的不適當，都會引起對方的反感。看似生活中的小節，若疏忽大意，則會影響人際關係的發展，其實，人的內心既敏感又脆弱，所以與人交往時，一定要把握好自己的一舉一動，注意談吐的分寸，不應在小節上給對方留下惡感。

守信是非常重要的。與人交往中，若有一次嚴重的失信，則會使自己的信譽掃地，很難再與對方恢復良好的關係了。不要對人輕易許諾，一旦許諾，就得兌現。如果許諾了對方，不管出現了什麼客觀原因致使諾言無法兌現，也會在對方的心目中產生不良印象。

誠懇正直則會贏得信任。背後不評論別人短處，是正直的一種具體表現。背後閒言閒語，似乎是人的通病。有時不同流合污，反倒顯得格格不入。要真正做到誠懇正直，也不是很容易的，非得經過反覆磨練才行。

向別人道歉，並非任何人都能做到。只有堅定信心、虛懷若谷的人才能勇於向別人道歉。缺乏自信、自私心重的人很難向別人道歉。

處理好人際關係，需要向對方獻出愛心。這種愛心不附帶任何條件，接受愛心的人會體驗到人生中真誠的感情，從而會激發出更大的潛能。當然，向對方獻愛心時，並不因不附帶任何條件而放棄原則與立場，該堅持的則要堅持，是非觀念要明確。有條件的愛，則往往會引起對方的反感。

🌸 3.友誼的力量

如果我們以經濟學的眼光來看的話，朋友絕對不是奢侈品，

他們是必需品。也許這樣的比擬並不是很恰當，但這是事實！

就經濟學來說，當你愈貧窮時愈不願去消費，愈富有時消費愈昂貴的物品就是奢侈品。而如果有樣商品，不論你的經濟情況如何，你都會有固定的消耗量，那就是必需品。

友誼就具有必需品的特性。不管你的社會、經濟、政治地位如何，都需要它來充當我們的精神支柱。試想，如果你的生活裡只有家人沒有朋友，你還會像現在這樣快樂嗎？

在今日大家互相依賴的社會，不論在哪一個專業領域，想一個人獨立達到事業的頂峰，是不可能的事情。而要得到友誼的最好辦法，就是先幫助別人。當你試著隨時鼓勵並協助朋友求取事業的成就，在你需要他們時都會助你一臂之力。不吝於伸出援手，你才會得到相等的回報。

與朋友和諧相處與分工合作的精神，是最高尚的人際關係。廣義來說，合作是對你的朋友以行動來表示關心。當你能與朋友合作無間時，你正是遵循著許多宗教與社會上所要傳達的基本觀念。

每個人偶爾都會嚐到嫉妒帶來的痛苦，且通常這種痛苦又伴隨著會造成問題或困難的衝動而來。一個真正成功的人要懂得如何抑制這種衝動。他們知道只要繼續專心於自己的工作，並盡量協助朋友，終究會達成自己的目標。

要讓自己始終保持友善及充分合作的態度並不容易，但你最後一定會發現，這樣的努力是值得的。

不論如何努力，困難必定會產生。有時是技術問題，有時是彼此意見的分歧。你要主動樹立起開放溝通的典範，然後你會發現，你們的合作具有足夠的精神與心理準備來克服難關。

曾有句老話說：「你如果需要朋友，就先成為別人的朋

友。」友誼是基於不求回報的給予之上。

　　忙碌而成功的人士應主動尋找新朋友，你想與他們建立友誼，就得先努力協助他們。讓他們知道你對他們跟對其他人一樣，而不是對他們所能為你做的事感興趣。如此你也許會發現，你已建立起真正且忠誠的友誼。

　　你的朋友所表現的態度是由你造成的。你如果總是樂於助人且設身處地替人著想，你的朋友必然慷慨大方。你若視友誼不理，並常常對於自己的付出要求對等、甚至更多的回報，你的朋友將都是這種性格的人。這正是物以類聚的道理。

　　你的行為往往表現出你是哪一種朋友。試著評估自己，你是否喜歡一個行為像你自己的人成為你的朋友呢？你是否能夠毫不考慮回報地付出？又或者吝於助人呢？你花時間跟朋友保持聯絡嗎？記不記得那些對你的朋友來說，意義重大的事？你要是成為一個只對自己的事關心的人，遺忘了朋友的存在，那麼不用多久，你將失去所有的朋友。

　　錢能使你充滿吸引力並讓一群人依附你。當然這些人是因為你對他們有所幫助。這只能說你與他們相識，但你們並非朋友。你富有的話，就會有許多「熟人」。而不論你在何種社會階層，處境如何，不先讓自己成為一個益友，你將永遠不會擁有真正的朋友。

　　我們是健忘的，我們的心思很容易被欲望及眼前的事物所盤踞，於是很容易地忘記了朋友。

　　我們經常在想要做的事與必須做的事之間做選擇。當你要做這類的決定之前，先確定你沒有背棄那些真正的朋友，那些在你需要他們時伸出援手的人。不論在何時，處於何種狀況下，你都不可以放棄這些忠實的友人。當你背棄了你最需要時曾幫助過你

的朋友，你不但傷害了彼此的友誼，也嚴重打擊了你的自尊。

不管當時你的負擔有多沉重，你讓朋友失望，其實也是讓自己失望。要是你真的沒有辦法避免這種情況，也要想想其他的辦法來補償他們才好。

真正的朋友是無價的。當我們對某些人透露自己的希望、夢想及內心深處的祕密之後，那些仍然喜歡並尊重我們的人，就是值得珍惜的。

通常願意花時間與我們相處，做我們朋友的人，多半是因為覺得我們能為他們做些事。真正的友誼應該是互惠的，彼此都會因友誼而受益。你可以用成為一個值得尊敬的人來贏得友誼。當別人仰望你時，你就應該警覺自己有責任給對方同樣的尊敬。

人類是脆弱而缺乏安全感的。我們都需要眾人的賞識來肯定自己，我們需要別人表達對我們的重視。友誼的維持要靠努力且持續不斷地發自內心的表示。要常常告訴你的朋友他對你有多重要。記住那些對他們意義重大的事情，對他們的成就表示祝賀。最重要的一點，讓他們明白無論何時，你都會因他們的需要而施予援助。

真正的友情並不在意朋友的不完美，要接納他們並作為自己的借鑑。發掘好的一面而不是吹毛求疵。你的朋友不會喜歡你只愛批評別人的過失，卻無法接受別人的規勸這個毛病。

當你的朋友灰心失望時，一句鼓勵的話比說教要好得多。做一個你自己會希望擁有的朋友，做一個傾聽者，別人要求你才提出意見，並珍惜朋友對自己的信任，對他們的成就加以讚揚。當他們失意時表示同情，但避免所謂「建設性的批評」。大部分人對自己的期望比別人對他的期望高得多，我們不需要朋友來提醒令自己深感痛苦的缺點。

如果你擁有一個能不計得失地為別人建立友誼的朋友，你應該深感慶幸。在今日人情淡薄的社會中，這樣的人可說非常罕見。我們被事業、家庭及每天緊張的生活步調壓得透不過氣來，留給自己的時間已經非常有限，更不論留給朋友的。但是我們也曉得，友誼所能夠給予的，是值得一生珍藏的恩賜。

✿ 4.和諧是自然的法則

和諧是自然的法則，也是肉體和心理健康的根本。身體的器官不再分工合作，就是疾病與死亡的開始。

人生的成功──不論所謂的成功為何，都需要個人與環境的和諧。富麗的皇宮之內，若人們無法和睦相處，不如簡陋的茅屋。太空中的星球若不能在各自的軌道上運行，就會互相撞擊而毀滅。

程序不和諧，是失敗最大的原因。

優美的音樂、詩歌都建立在和諧的基礎上，偉大的建築也是架構於和諧，否則只是一堆雜亂的建材。良好的企業管理也是建立在和諧的基礎上。

人體是複雜的組織，由器官、腺體、血管、神經、腦細胞、肌肉構成。大腦的能量刺激行動，協調身體各部分的功能。從出生到死亡持續的奮鬥過程中，最微妙的工作是調和意志的力量，並將其引導至一個特定的目標。唯有具備此項和諧的要素，才能形成正確的思考。

我們所處的宇宙是有一定的規律且和諧的，然而人類卻必須掙扎努力，才能使人際關係趨近這種狀況。合作似乎是違反人性的，但成功的人知道如何逆流而上，做別人不願意做的事情。他

們學會靠合作而求得群體的利益，學會在任何關係中找到和睦之道。不論是生意上的、個人的或專業的關係，都要細心經營。想到與人合作獲益絕對比與人對抗要多，你就會覺得舒坦多了。

與任何人的關係出現不協調的狀況時，多半有著經濟問題的牽連，但對人際方面的影響，則更重大。當你被扯入充滿紛爭的關係中時，可用於完成生活目標的精神及體力，將被毫無意義地浪費在一些爭吵算計之中。很不幸的，不論是什麼原因造成這樣的衝突，都會對所有當事人造成極為負面的影響。

當你發現自己處於一種劍拔弩張的氣氛時，有幾種方式可以將之化解。一是解決自己的問題，或乾脆離開那個環境。只有你自己才知道何種解決方法最好。但如果不能離開那個環境，那麼最好的辦法可能是拋棄你的自尊，來謀求每一個有關的人都肯接受的方式而加以解決。要是你做不到，也許這是結束合作關係，另謀出路來實踐人生目標的時候了。

當你捲入與人爭辯的狀況時，或許這是唯一一次什麼都不選擇的時候。這基於一個非常實際的理由：一旦你與他人辯論，即使你贏了，你仍然將過多不必要的壓力加諸自己的身上。你心中充滿憤怒、怨恨等不良情緒時，就不可能再保持正面、積極的心理態度了。

沒有人能真正地激怒你，除非你允許他們這麼做。與其跟對方爭吵，不如問一些沒有威脅性的問題，比如：「你為什麼會有這樣的感覺？」「我做了什麼事讓你這麼生氣？」「我要如何改善呢？」

你也許會發現，整件事可能不過就是個誤會，很快就可以改正的。即使問題比想像中嚴重，你積極處理的方式對解決問題也是大有幫助。

不妨試著想：別人是無法反對你的──當你已經贊同對方之後。這並不是在建議你放棄原則去妥協，而是告訴你，尋求雙方的共識來說服最初不同意的人，同時保持自己原有的信念是可能的。

別人在因為你或你牽涉的某種狀況生氣時，讓他們明白你確實了解「他們」的感受。由他們的角度來看問題，找出衝突的根源，看看如何解決才能顧及所有人的利益，你對整個事件能有什麼貢獻。

當你努力謀求解決的辦法而非加入抱怨的行列時，別人大多會以寬容的態度回應。

當我們與別人建立關係時，多半產生兩個問題：「我能信任你嗎？」「你真的關心我嗎？」由過去成功的合作情形來看，不論是個人的或生意上的關係，答案可能要很久才會揭曉。

雖然互信互賴是所有良好人際關係的基石，但它們卻非常脆弱。即使是已經長達數年的友情，也很可能因為幾個無情的字眼，或一個自私的行為而造成無法挽救的傷害。所以不要草率地做出反應，也不要對重要的朋友發脾氣。

就如同在與別人的談話中多聽少說，與人交往時應投其所好而非關注於自己的喜惡一樣。當你持續地努力以自己希望被對待的方式來對待別人，人們就會喜歡與你親近，並且尊重你，信賴你，願意成為你忠實的友人。

你一旦學會了控制自己的情緒及自大的心態，並且時常考慮別人的需求及想法，那麼無法避免的，你就是以友善的態度及體恤的行為在「誘人上鉤」而交上無數的朋友。

大部分人都無法「獨自前行」，不論在事業或個人生活等各方面皆是如此，我們在達到自己希望的成功路途中始終需要別

人。

當我們擁有一切卻無人可分享的話，又有什麼意義呢？你當然可以選擇與人共同努力，你也可以忽視旁人，又或許你選擇與人對立。但你想在生命中獲得偉大的成就時，就必須與人和睦相處，共同奮鬥。

你個人的目標恰巧與另一個人相同時，共同合作不但會使你減輕負擔，而且產生的效果遠比你單打獨鬥所能達到的程度為佳。

🐝 5.如何形成良好的人際關係

為了改善人際關係，請你記住下面的事實：世界上沒有絕對的好人，也沒有絕對的壞人，這是因為世上沒有絕對完美的人。

如果我們能心平氣和地分析自己的想法，幾乎可以找出許多漏洞，如果能夠有效地控制，那麼你對別人，也就有了正確的想法，一定可以從他們那裡找到喜愛、敬佩等等特質。

應該認定，世上沒有完人，也沒有絕對完美的事。只要是「人」，必然有缺點。

他人有權利做一些和常人不太一樣的事情，不要因為他們的習慣、嗜好不同，而厭惡他們。不要強迫別人改變，不要想束縛人，他想做什麼，讓他盡情的做吧！雖然你有權利「認定」自己的意見，但是，只要審查自己就夠了，至於他人的意見，你是絕對無權干涉的。

一位主管，如果想要提拔某個人，他一定會優先考慮一點：這個人的人際關係很好嗎？

你應該注意下面的事實——職位不是自然往上升的，需要別

人提拔。

在這個忙碌的社會，不論是誰，都無法一直牽著你的手，帶領你一步步往上爬。但是，只要你肯用心學習、人緣又好，一定會受到賞識。

你所交往的同仁，可以把你推到更高一層，所以必須融和良好的人際關係，使提拔你的主管──認為你是受歡迎的人物。

詹森總統受歡迎的程度和艾森豪、甘迺迪兩位總統相比，真是差了一大截。他在痛定思痛之餘，寫下了九個原則，記在紙條上，並且常常拿出來，做個自我警惕。這些原則寫得很好，你可以拿來作參考：

①熟記別人的名字，假如無法做到，就表示你對他不太關心。

②要讓對方覺得和你在一起，絲毫沒有拘束感，就好像穿戴著舒適的衣、帽一樣。

③你要培養出面對任何事情，都能有沉著鎮定的應付能力。

④不要誇耀自己的長處，避免「我什麼都懂」的自大狂。

⑤要讓人覺得，必能從他的身上，獲得些什麼。

⑥努力消除過去和現在所有的缺點。

⑦能夠做到真心地喜愛別人。

⑧對於成功的人，要真誠地向他道賀，對於悲哀、沮喪的人，要適時地安慰他。

⑨要成為大家的精神力量，這樣一來，他們一定會重新接受你？

想讓大家接受你，就要使他人感覺你是重要的存在，必須使人覺得，你也是重要的存在者。

因此，不管多微小的事情，都要心懷感激，使別人能夠感受

到，不是你應該做的，而是心甘情願地做。

　　某公司舉行年終頒獎典禮，銷售部門的常務董事請這一年來銷售成績最高的兩位經理，說出他們得獎後的心得。

　　其中一位經理，面露驕傲的神情說：

　　「我擔任這個職位，僅僅3個月。不過，自從上任以來，我每天都在不斷地改善、計畫……」

　　他這樣滔滔不絕地炫耀自己的才能，台下的人都聽得很不耐煩，與他同一部門的銷售員，各個臉上都浮現出憤怒的神情。因為，他把榮譽完全歸功於自己，完全抹煞別人的辛勞。

　　接著，輪到另一位經理報告，他謙恭地一鞠躬，從容地走上講台：

　　「我們能獲得這項榮譽，完全要歸功於所有的工作同仁們，他們是這樣的熱心，努力地工作……」

　　然後他叫出每個銷售員的名字，讓他們一個個地站起來，再一一致意。於是，氣氛顯得融洽而愉快。

　　你注意到兩者的差異了嗎？獨佔榮譽，不但徒增別人的反感，也使得銷售員失去幹勁。把榮譽分給所有的銷售員，自己不但毫無損失，還會贏得別人的支持、贊助。

🐝 6.團結力量大

　　領導者整合團體完成目標，很少未遭遇困難。每個人都會遇到難以妥協的境況，即使在協調才最有利的情況下也不例外。

　　成功的領導者必須具備機智、耐心、毅力、自信、知識，隨著環境迅速調整自己，才不會得罪任何一個人。

　　不論是商業、政治或是社會上的領導人物都知道，一般人若

得到的是請求，而非命令，那麼他將會有較為突出的表現。

　　若是能將每一道命令轉換成婉轉的要求，那麼，你往往能得到比你想像得更好的結果。你在開口時若是使用「你可不可以……？」「你願意幫我……嗎？」或是最常見的方式「請你……」這類的句子，所收到的效果，絕對比脅迫為你工作的人要好得多。甚至那些不是你下屬的人，在你需要他們協助時，與其命令他們，不如請求他們。如此一來，人們也會以比較認真負責的態度辦事。

　　在你真正加入大家並追逐共同的目標之前，你是無法說服任何人接納你的意見的。有效率的領導者明白與人共同使用的價值，他們學會在合作中遵循指導，並以工作的表現來證明自己足以擔負大任。

　　良好的領導者以身作則，來顯示他對部屬表現的期望。即使像部隊被訓練成毫無疑惑地接受命令，軍官仍需帶頭衝鋒陷陣。

　　你沒有辦法強迫他人跟隨你，你只能帶動他們，使他們心悅誠服地站在你這邊。當你的言語、行為能充分顯示出，他們正為整個組織最優秀的人工作時，他們將會緊緊地跟隨你的領導。

　　沒有任何一個偉大的文明是建構在對人民的不當對待之上，暴君或許可以暫時迫使別人為他工作，但卻無法長久。除非人們獲得應有的尊重，才會有維護組織或社會的意願。

　　你對每個成員以公平合理的原則為基礎，來建立一家公司，或一個組織，那麼，你也就同時創造了持久不變的力量。

　　要確保他人會遵守承諾或與你繼續維持合作關係，最好的方式，就是應用這一個長久以來顛仆不破的真理：己所不欲，勿施於人。

　　要設身處地為他人考慮，你就會獲得別人忠實且熱誠的回

報。為自己及別人設下高標準，然後善待合作的夥伴，放手讓他們去做，他們將會創造出你意想不到的奇蹟。

當你不再侷限什麼事是自己所不喜歡，並開始關心什麼事對公司有利時，你會驚訝地發現，你很快就能得到別人的敬重，不久你就可以告訴「你的」員工如何工作了。

兩個以上的人結合、共同成長、同心一致、互相合作，這是事業及人際關係成功或失敗的要素與秘訣。

深得人心的領導者、業務經理及軍事指揮官，都了解並且能夠激勵部屬，為完成共同的目標而努力。

能夠把別人的心結合在一起，就能成為領導者。每一位領導者都有自己的方法，讓追隨者合作，不論是脅迫、勸說、威脅或利誘，歷史上知名的政治人物、商業鉅子的例子俯拾即是。

如果團體中有一分子表現出極度否定、排斥的態度，就不可能緊密結合。肯定的心與否定的心無法結合，許多有才能的領導者忽視這項事實，而遭到挫敗。

人腦像電池，能量耗損之後，使人變得無精打采、畏縮不前，此時就必須要充電。因此，隨時保持頭腦的活力，定期與其他精力充沛的人接觸，互相充電。與智慧相當或更有智慧的人接觸，能夠激勵我們的智慧。同樣地，與消極的人來往，則令人消沉與怠惰。

和諧地結合在一起的心非常健康。同樣的原則，幫助我們激發解決問題與壓力的能量。

兩個人以上結合在一起，發揮足夠的致勝力量。「和諧」非常重要，兩顆心都受到鼓舞，溫暖起來，才能結合在一起。團體中每一個成員都能夠由潛意識中汲取其他成員的學識和能力。這種效果立即可見，能夠激發更大的力量、更活潑的想像力與第六

感。

　　芝加哥頗具財力的商業集團，包括經營口香糖公司的威廉·萊利，他每年的收益高達1,500萬美元。經營午餐連鎖店的約翰·湯普森、廣告經紀人雷斯爾、經營快遞公司的麥克·庫洛及黃色計程車行的利奇及赫茲。

　　這6個人並沒有特殊的學歷，都是白手起家，並非僥倖得來財富。他們互相鼓勵，依照各人的專長提出觀念和建議，協助彼此的目標。他們定期聚會，分享彼此的觀點，分析、研究，互相競爭、協調與創造。

　　卡內基一直是美國工業界的先驅，他用來提高士氣、鼓舞團體合作的方法，幾十年來，無人能出其右。他的方法很簡單。

　　第一，根據每一個人的工作性質，設計某種有效的誘因，例如升遷或紅利。

　　第二，他從來不公開指責任何一位員工，而是利用問題，很巧妙地讓員工自我檢討。

　　第三，他從來不替員工做決策，他鼓勵他們自己做決定，由他承擔結果。

　　卡內基的方法鼓勵個人在團體中發揮最大的力量，追求最大的成就。因為他相信，唯有透過團體的合作，才能獲致最大的成功。

　　不論是你和別人合作，或是別人和你合作，都是一樣的。自私的領導者都得不到部屬的配合，因為合作就像愛一樣，必須先付出，然後才能得到。

　　艾迪·利肯貝克上尉在空軍服役時，經歷兩次世界大戰。他非常鼓勵團體合作。

　　在第一次世界大戰中，他個人擊落26架敵機。第二次世界大

戰時，他以身作則，帶領一群飛行員同心協力，搭乘一部救生艇在太平洋上漂流，長達一個月，終於安全地通過考驗。

如果你能夠使別人樂意和你合作，不論做任何事情，你都可以無往不勝。

每一個成功的大企業，都是全體員工通力合作的結果。每一個獲勝的體育隊伍，榮譽都不單屬於任何一個人。當然教練例外，他鼓舞隊員全力以赴追求榮譽。

鹿特丹的努特‧羅肯，一生因為擅長鼓舞別人團結合作而為人傳誦不已。

和你的夥伴好好合作──團結力量大。

課後分析：

◆良好的人際關係可使人享有深厚而豐富的感情交流，可促進人的事業的成功。

◆一個籬笆三個樁，一個好漢三個幫。

◆要設身處地為他人考慮，你就會獲得別人忠實且熱誠的回報。

◆一個人如果能有效利用「外腦」，取長補短，更有益於個人潛能的發揮。

第八課

把握每分每秒

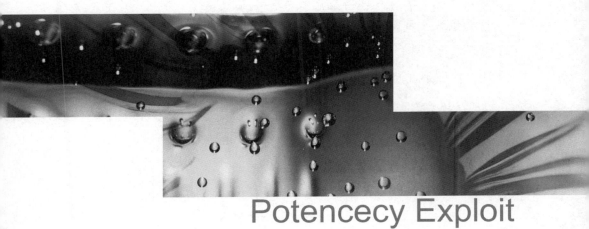

Potencecy Exploit

　　老是覺得時間不夠用，一心想做的事卻挪不出時間來？瑣瑣碎碎的事情一多，東忙一點，西忙一點，就很有老是做不完的感覺。或者是處理這件事情的時候，心裡還記掛著另一件事情還沒有完成。如果心不在焉，當然做起事就拖拖拉拉，事情更做不完了。

　　還有呢！時間老是被切割得支離破碎，做完這事，等著下一個工作時，空檔時間剛好只夠聊聊天、喝喝茶、發發呆，甚至是看看報紙、電視打發時間。不是說時間不夠用嗎？怎麼還有時間可以打發？

　　問題不在時間夠不夠，而在你會不會利用而已。

第八課

把握每分每秒

🐝 1.時間管理之道

一個百萬富翁和一個窮光蛋至少在某一方面是完全一樣的，他們一天都只有24小時、1,440分鐘。但是大部分的人卻總是在抱怨他們的時間不夠多，事情做不完。

對每一個成功的人來說，時間管理是很重要的一環。時間是我們最重要的資產，每一分每一秒逝去之後再也不會回頭，問題是你如何有效地利用你的時間。

為自己做個「希望銀行」吧！我建議，把一些想要做但卻從未實行的事寫在筆記本上，按照預計可完成的時間予以分類。

剛開始這麼做的時候，可能還不是很熟悉，所以，不妨先把5分鐘內可完成的事情放進銀行裡，因為每件事情花費的時間不是很多，實現的可能性最高，可以藉此培養你對時間的掌握能力。等到可以控制自己的時間時，再放進10分鐘內可完成者，接著再放進15或30分鐘的，然後逐漸增加時數。

接下來，定期許個願望，寫一張願望卡擺在「銀行」旁邊，一有空檔就努力去實現它。你也許可以這麼寫：「我希望能空出30分鐘讀本好書。」任它擺多久都沒有關係，重點是在，當你發現剛好有30分鐘的空閒時，就得趕緊好好地去做！

研究時間管理之道，首先你必須知道，一個小時沒有60分

鐘。事實上，一個小時內只有你利用到的那幾分鐘而已。

時間表排得太滿其實也沒有什麼不好，但是如果排了太多不必要的行程，為了一五一十地按照行程依序完成，你就會不時瞥瞥時鐘，忙不迭地趕東趕西。這時的你，就是被時間控制而失去了自主權，這樣的行程表就沒有太大的意義了。

千萬別讓時鐘成為奴役的暴君！

請每天檢視一下自己的行程，看看到底是哪些事情在浪費你的時間。也許是電話打得太久。或許看了太多電視、雜誌。也有可能是每次約會都到得太早，浪費了不少時間在等待。

一個好的行程應該是有點鬆又不會太鬆，有點緊又不會太緊，每個行程之間要預留點空白，好讓自己能夠處理突發事件，當然，如果某個行程偶然延遲的話，也就不會佔用到下一個行程的時間。更何況，每件活動可能都需要一點前置時間，如果能夠預先留空，至少可以讓你能預做準備。

如果真的發現行程表裡有這些問題，千萬不要以為沒什麼大不了，應該趕緊糾正過來，因為，這些「沒有什麼」的習慣，會一點一滴地侵蝕你的時間，今天你看了1個小時的報紙，明天可能會花你1個小時又10分鐘，幾個月後，可能就得每天用上2個小時。不良的習慣一旦成了自然，想改都改不掉。

將時間稍微分割一下，找出突發事件要耗掉你多少時間，就以這些時間來當作行程之間的緩衝期。這樣一來，就可以讓時間為你工作。

調整自己的時間，試著把一些難纏的約會、計畫，或是重大的變革延期，不要想一次完成。雖然這麼做可能會遇到一些無可避免的困難，但還是得盡力而為。畢竟，唯有能充分掌握時間的人才能掌握自己。

　　你一天要浪費幾個小時呢？如果真想知道，不妨來做一個實驗。首先，找一份行事曆，把每一天劃分成3個8小時的區域，然後再把每個小時劃成60分鐘的小格。在這整個星期裡面，你隨時把你所做的事情記錄在你畫的表格中，連續做一個星期試試看，再回頭來檢查你的行事曆，你就會發現，由於拖延和管理不良，你浪費了多少寶貴的光陰。

　　當你了解到自己是如何在使用你的時間之後，再回頭重做一次實驗。這一次多用點心來計畫你的時間，把需要做及想要做的事仔細安排進你的時間表，再看你的效率是否會好一點。

　　記住一件事，時間是你唯一可以賣給他人或自己的東西，你對時間的利用率愈高，你愈可以靠它賣得好價錢。

　　今天是最重要的一天，因為你可以利用它，也可以浪費它，可是不管你怎麼過這一天，你都是拿自己生命中的一天來換它。

　　善用你所擁有的光陰，把你的時間投注在完成目標之上。

　　前奧運撐竿跳冠軍巴伯理查被問及獲勝的原因時，說他在撐竿跳這項運動上下了不止1萬個小時的工夫。他說一個人只要肯花1萬個小時去做一件事，那就沒有任何事是做不成的。

　　如果你也肯花1萬個小時去做一件事，你也可以做好任何事。

　　有一個作家利用他每天等火車的空檔寫了一本書，還有一位作曲家利用塞車的時間完成了一首狂想曲。你的現有時間也是可以好好利用的。

　　美國有一份暢銷雜誌對14家公司的18名高級主管進行一項時間利用調查，結果發現，這些主管平均一天要花5個半鐘頭的時間在談話上。結論是，主管其實有充裕的時間來完成他們的目標，他們只是不用它罷了。

　　我們每個人可用的時間都一樣多，可是在托爾斯泰寫就了

《戰爭與和平》，愛迪生發明了電燈的時間中，你在做什麼？

對自己提出下列問題並誠實作答，切勿故意說假話來滿足自己的虛榮心，因為這些問題的目的，在於使你發現哪些地方應進行改善，而不是要給什麼獎賞。

對自己定了明確目標了嗎？制訂執行計畫了嗎？每天花多少時間在執行計畫上？主動執行或是想到了才執行？

為了達到明確目標你做了什麼付出？正在付出嗎？何時開始付出？

你多半把時間花在執行計畫上或是老想著你所碰到的阻礙？

你經常為了將更多的時間用來執行計畫而犧牲娛樂嗎？或者經常為了娛樂而犧牲工作？

你能把握每一分鐘時間嗎？

你把你的生活看成是你過去運用時間的方式的結果嗎？你滿意你目前的生活嗎？你希望以其他方式支配時間嗎？你把逝去的每一秒鐘都看成是生活更加進步的機會嗎？

你何時表現出多付出一點點的舉動？每天都為付出更多或只有在他人注意時才會表現多付出？你在表現多付出一點點的舉動時心態正確嗎？

你給自己發揮想像力的機會嗎？你何時運用創造力來解決問題？你有什麼需要靠創造力才能解決的問題嗎？

你會放鬆自己、運動並且注意你的健康嗎？你計畫明年才開始嗎？為什麼不現在開始？

做這份檢討問題單的目的，在於促使你對自己做一番思考。你對於時間的運用方式充分反映出你將成功原則化為你生活一部分的程度。

✵ 2.把握現在

　　雖然我們都知道生活裡能把握住的只有現在，可是也許連你自己都不曉得，我們老是同時活在昨天、今天及明天。請你仔細想想，自己是不是老在回憶以往的種種？是不是總在幻想以後會怎麼樣？自己是不是動不動就說以前如何如何？會不會常常說等你什麼時候有錢了就會怎麼做？

　　絕大多數的人都同時活在過去、現在以及未來這個時空交錯的空間裡，以至於無法理清自己到底該扮演什麼角色。可是我們不能這麼做。

　　昨天早已過去了，明天也只不過是一種期待而已，此刻我們所擁有的只有今天，或是說得更具體一點，我們只擁有此刻而已。

　　我們必須學著一次只過一天，因為只有今天才是我們真正擁有的，其他的都是過去的或不肯定的。

　　以往的一切是值得珍惜的，因為有了它們才造就了今天的你，所以，過去種種都已涵括在今天，只要珍惜此刻，就是珍惜過去，過去並沒有因此而消失。

　　同樣的，今天你所做的種種也會融入明天，如果今天你不努力的話，到了明天，你再回頭看看，今天就會變成一片空白。一天天過去，每個今天你都無法把握住的話，怎能累積成明天豐碩的成果呢？

　　只有行將入土的人才會頻頻回首前塵，因為今天他所能做的事相當有限，而明天再怎麼璀璨，對他而言也不具有太大的意義。而你呢？目前的所作所為都會累積成明天的資產，怎能讓心境提早入土呢？

更何況，還有那麼多年近黃昏的人，為了時日無多的明天孜孜奮鬥呢！

昨天是一張已註銷的支票，明天是一張期票，今天是手上的現金。因此要認清今天是我們唯一能利用的時間，去善加利用吧。

過去的已經過去，不要再去管它。將來則還沒有來到，也不要去管它。重要的是現在，正在一分一秒地走過。只要你把握住了現在，那麼所有的時間都將被充分地利用，一點一滴也沒有浪費掉。

過去的已經過去，「那時」發生的一切絕不再來，你絕不可能回到過去，這一事實太明顯了，以致沒有必要提及。如果你因過去的事情耗盡現在的時光，而一蹶不振，那麼拋棄過去的第一步便是放棄這樣的態度。這裡面包括改變自己對待現在的態度，而不是人為地努力消除過去確實發生的事情。

「今天」是最容易得到的，就像空氣和陽光一樣，因而，沒有多少人給予它特別的關注。人們往往寧願沉浸在對昨天的追憶和對明天的憧憬之中而漠視「今天」的存在。「今天」又是最容易失去的。好比青春和美麗。人們對其價值的真正理解總是在它悄悄地流逝之後。

由於數個充實的「現在」組成的歷史，是你通往成功的必由之路。

發揮潛能的秘訣就是：抓住現在，不要沉湎於過去。

✿ 3.時間就是金錢

時間就是金錢。

　　一個每天能賺10塊錢的人，玩了半天，或躺在沙發上消磨了半天，他以為他在娛樂上僅僅花了6塊錢而已。不對？他還失掉了他本可以賺得的5塊錢。誰宰殺了一頭幼豬，那就是消滅了牠的一切後裔，以至牠的子孫萬代。如果誰毀掉了5塊錢，那就是毀掉了它所有產生的一切，也就是說，毀掉了一座金山。

　　利用好時間是非常重要的，一天的時間如果不好好規劃一下，就會白白浪費掉，就會消失得無影無蹤，我們就會一無所獲。

　　成功與失敗的界限在於怎樣分配時間，怎樣安排時間。人們往往認為，這兒幾分鐘，那兒一小時沒什麼用，但它們的作用很大。時間上的這種差別非常微妙，要過幾十年才看得出來。但有時這種差別又明顯，貝爾就是這個例子。

　　貝爾在研製電話機時，另一個叫格雷的人也在進行這項試驗。兩個人幾乎同時獲得了突破，但是貝爾到達專利局比格雷早了兩小時，當然，這兩人是不知道對方的，但貝爾就因這120分鐘而取得了成功。

　　你最寶貴的財產是你手中的時間，好好地安排時間，不要浪費時間，請記住浪費時間就等於浪費生命。

　　時間是組成生命的材料，利用好時間是非常重要的。一天的時間如果不好好規劃一下，就會白白浪費掉。成功與失敗的關鍵之一在於怎樣安排時間。

　　如果想成功，必須重視時間的價值。

　　時間對任何人、任何事都是毫不留情的，它可以毫無顧忌地被浪費，也可以被有效地利用。

　　要把自己有限的時間集中在處理最重要的事情上。切忌每樣工作都去抓。要有勇氣並機智地拒絕不必要的事與次要的事。

時間不可能集中，往往出現很多零散時間，要珍惜並充分利用大大小小的零散時間，將零散時間用來從事零碎的工作，從而最大限度地提高工作效率。

在位於費城的美國造幣廠中，在處理金粉工廠的地板上，有一個木製的格子。每次清掃地板時，這個格子就被拿出來，裡面細小的金粉隨之被收集了起來。日積月累，每年可以因此節省成千上萬美元。

事實上，每一個成功人士都有這樣的一個「格子」，用於把那些零碎的時間，那些被分割得支離破碎的時間，那些常人不注意的零零碎碎的時間，都收集利用起來。等著咖啡煮好的半個小時，不期而至的假日兩項工作安排之間的間隙，等候某位不守時人士的閒暇等等，都被他們如獲至寶般地加以利用，並足以取得令那些不懂得這一祕密的人目瞪口呆的業績。

凡在事業上有所成就的人，都有成功的訣竅。變閒暇為不閒，也就是不偷清閒，不貪逸趣，這便是訣竅之一。

有人利用閒暇時間博覽群書，汲取知識的甘泉。有人利用閒暇時間遊歷名山大川。有人利用閒暇時間廣交朋友，撒播友誼的種子，這都是可取的。

要善於把握時機。時機是事物轉折的關鍵時刻，要抓住時機的轉化，推動事物向前發展。錯過了時機，往往使到手的成果付諸東流，造成一著不慎、全盤皆輸的嚴重後果。所以說，成功人士必須善於審時度勢，捕捉時機，把握關節，恰到火候。

你最寶貴的財產是你生命中的時間。要好好地安排時間，不要浪費時間。請記住：浪費時間就等於浪費生命，時間即金錢。

成功人士要盡量避免浪費時間的會議、不必要的約會及頻繁的社交活動。但，如果是非參加不可的經常性例行活動，他們也

許無法逃避，他們也會忍受的。成功人士應盡量想辦法改變浪費時間的局面，只要是他們可以不參加的會就盡可能請人代替。假如朋友請你接手一項計畫，但是你已經負荷過多，或是你對這項計畫並不感興趣，你可以仿照許多優秀的時間管理專家說的話答覆說：「抱歉，我現在沒有辦法幫你。」

一個有效的技巧是表達你對於必須擱置他們的要求事項而感到憂慮。你應該注意措辭，可利用下面的說法：「我正在寫一份我們討論過的報告，我也很想去參加那個會議。你覺得哪一個比較好？」

日常生活中，你經常需要暗示給跟你談話的人你有多少時間。有些人一點也不怕說：「我要走了，再見」。然後就起身離開。

有一個業務員，一個星期平均訪問了20小時，假定大約有20萬元銷售額，以這個來計算銷售時間，每一小時就變成有一萬元的價值，假使他在平均20小時的基礎上再加上每個星期增加五小時，也可能把銷售額在一個星期中增加5萬元。

推銷化妝品成績最高的業務員月收入最少也有60萬元，有一次某保險公司找他去演講。演講完，他得到了一萬元的報酬，保險公司認為就這樣讓他回去不好意思，就招待他吃飯。

吃飯時間愈久，他感到愈不能定下心來，就說要失陪了，而這些招待他的人，一半抱著聽他說話的心情，一半則以消磨時間的心情來挽留他，他就率直地說了：

「也許，我這麼說會得罪你們，可是我的一個小時有三千元的價值，今天你們請我來演講，同時我也拿了報酬，對你們我十分感激，但如果再花三個小時，這趟演講我就虧損了。我想還是到此為止，各位失陪了。」

他這種十分乾脆的話，使得這批招待的人只有苦笑，但他認為如此處理是應該的，另外說了些話來證明他的立場是對的。

「各位雖然身為銷售經理，但也是薪水階級，你如果玩了一小時仍可賺錢，而我卻會吃虧，這就是我們從事的銷售職業。」

我們是否都能做到這麼徹底，這是另外一回事，但是否需要有像這種程度的心理想法，可能因人而異。

我們都碰到過必須盡快到其他地方赴約的情況，然而，似乎沒有辦法能從正在進行的談話中脫身，而又不會冒犯正在說話的人。同時，當我們在等待對方說到一個段落時，五臟六腑都在翻攪。突然結束對話的變通方法是利用暗示。如此一來，你比較會掌握時間，而且會得到大部分與你來往的人的尊敬和感激。但是，總是有一些人弄不懂暗示，對他們來說，除了直截了當的結束外，沒有什麼其他有效的方法了。

學習如何利用一些簡單的暗示，多多少少可以節省些時間。提供對方一個界限，他們可以事先知道你給他們多少時間，迫使對方切入主題，而不把時間浪費在不相關的細節上。有時候，有些人無法在當時你所給他們的時間內很好地討論一個話題。假如是這樣的話，可另外約定一個時間。

「那本書要多少錢？」一個在班傑明・富蘭克林書店中徘徊了一個小時的男子問道。

「1美元。」店員回答道。

「要1美元？」那個徘徊了良久的人驚呼道，「你能便宜一點嗎？」

「沒法更便宜了，就是1美元。」這是他得到的回答。

這個頗有購買欲望的人又盯了一會兒那本書，然後問道：「富蘭克林先生在嗎？」

「是的，」店員回答說，「他正忙於印刷間的工作。」

「哦，我想見一見他。」這個男子堅持道。

店員把富蘭克林叫了出來，陌生人再一次問：「請問那本書的最低價是多少，富蘭克林先生？」

「1.25美元。」富蘭克林斬釘截鐵地回答道。

「1.25美元？怎麼會這樣子呢，剛才你的店員說只要1美元。」

「沒錯，」富蘭克林說道，「可是你還耽誤了我的時間，這個損失比1美元要大得多。」

這個男子看起來非常詫異，但是，為了盡快結束這場由他自己引起的談判，他再次問道：「好吧，那麼告訴我這本書的最低價吧。」

「1.5美元。」富蘭克林回答說。「1.5美元？天哪，剛才你自己不是說了只要1.25美元嗎？」

「是的，」富蘭克林冷靜地回答道，「可是到現在，我因此所耽誤的工作和喪失的價值要遠遠大於1.5美元。」

這個男子默不作聲地把錢放在了櫃枱上，拿起書本離開了書店。

從富蘭克林這位深諳時間價值的書店主人身上，他得到了一個有益的教訓：從某種程度上來說，時間就是財富，時間就是價值。

🌿 4.做一個效率專家

我們為了把聲音傳送到更遠的地方，費了很大的精力。為了讓汽車更有效率，研究了特別的裝置。為了光線的效率，發明了

反射鏡。但我們卻幾乎不曾用過頭腦，來增加自己的效率。

因為大多數人都在做著沒效率的工作，所以幾乎常常浪費了時間和精力的50％。

但是，要知道自己到底在某事上浪費了多少時間，首先就得分析自己使用時間的方法，分析的方法之一是將使用的時間記錄下來，再加以分析。

幾乎所有有關效率問題的權威者，他們都會異口同聲說：假使能很清楚地寫出自己工作的內容，那個人的能力就能充分地發揮出來。他們的意思是：如果能這樣，就能了解自己工作的全貌。例如了解每種工作間的比重、差異，自己的工作和部下的工作以及同事和上司工作間相互的關係。

要能更有效的利用時間，最重要的莫過於先評價自己使用時間的方法，要了解自己活動的趨勢和類型一點也不困難，只要自己把每樣行為和事情累積起來，再看整個情況，就能一目了然。

以上的原理，可以適用於促使我們個人生活時間的組織化。如果把我們所做的工作內容寫到紙上，必然有很多好處。

它能使你了解，以自己的地位，究竟適合什麼樣的工作。比方說，你每天做什麼事情，除了你以外，沒有人能清楚知道。某一個工作本來不是你分內該做的，一旦交給你做，這個工作就一直跟著你進行。從新的觀點來重新考慮，你就會發現在你所負的責任中，有幾樣應該由其他人來負責的。

如果記載下來的話，你可以明白自己正被瑣碎的事浪費掉許多時間，同時，被逼到「看樹不看林」的狀態。把整個工作從更高的觀點看，就可明瞭工作的主要目標究竟在哪裡，而對過去那些佔了你時間的各種工作可以重新再作評價。

如能做到客觀、正確的分析，就可了解到要把工作處理得很

好，必須接受哪一種訓練，具備什麼樣的經驗。這是你達成自我啟發最重要的索引。

人們往往把精力放在自己最感興趣的工作上，如此一來，往往會疏忽了其他工作。這種工作記事簿的用意，就在於它能糾正我們在不知不覺中發生的偏差。

工作記事簿上，最重要的是應該把你做的事全部寫出來，不要遺漏。尤其對現在的工作，不要理會它的重要性或順序等，全部都要記下來。假使你屬於營業部門，除了「銷售」以外，也要出席銷售會議，也有銷售事務要處理，或填寫訪問紀錄，向上司提出報告，讓上司能據以分析顧客的購買傾向等種種複雜的工作，這些工作應寫出，不要有所遺漏。

把紀錄工作做好以後，下一步就把寫出來的東西，按照它的重要性以及順序排列。在做這些事情的同時，應該問問自己：「假如我在這個時間裡，只能做一樣工作，應該選哪一種工作？」這對於你的處理程序，會有幫助。

然後，你可以拿著你的單子和你的上司商量一下，可能上司會以公司的立場來處理何者優先、何者其次，同時也會指導你如何去做，他也許會告訴你必要的情報、援助，以及許可權等。

我們現在做這種工作記事簿，就像前面說的，不只幫助你明白自己應該要做的，也提供了如何來進行工作的方法。

事實上，用合理的方法工作的人是很少的，如果仔細檢討，每個人多少都有需要改善的地方，為了能在最短的時間內，用最少的勞力做最多的工作，而且能圓滿地完成，我們必須把工作組織化。

先把與你目標無關的、或得益最少的選出來。然後除了那些雖然有價值、但可以給他人。比如：助理、女職員等可以處理的

事，剩下的就是比較緊急的工作了。

　　如果認為分門別類的工作還不夠徹底，就得把整個工作重新仔細劃分，這時候，便要詢問自己，真正重要的工作到底是哪一種？如把這項除去的話，我會有什麼樣的損失？如果能這樣問問自己，就會做得更正確。

　　我們可以把工作分成幾個步驟，在進行每一步驟之前，都要發出如下的質問，如：為什麼？要做什麼？在哪裡？什麼時候？誰？用什麼方法？

　　當然，像這種繁瑣的準備工作，並不適用於所有事情，只要挑出最需要花時間、花工夫，且對其他工作有影響力的重要項目加以整理，使之組織化即可。

　　要實施這種方法時，應該注意，它到底適不適合你的個性？是否適合你的需要？經確認後再開始進行，使之個性化，這樣就能把你的工作真正地組織起來。

　　在這裡，介紹兩個提高工作效率的技巧：

一、巧用記事簿

　　有時候，我們在做現在的工作時，感覺好像那是沒必要的，但是對於將來，卻是可能用得著的情報、構想、資料，假使沒有這些東西，將來一旦要用，就要重新花一番大工夫和時間。

　　有些人為了這個原因，時常都帶著記事簿。有些人帶著一個項目可寫一張的卡片，更有比較講究的人，除了白卡片外還帶了顏色卡，依項目分別記載，有的帶了紅、黑、藍三種顏色的簽字筆，依照項目用不同的色筆記下，然後以顏色區別。

　　當時就把重要事件的前後經過記錄下來，以後如果要再計畫同種類的事情時，就十分省事了。如果我們要舉辦特別活動時，把它記錄下來，數年後如果要再舉辦同樣的活動，就可把它拿出

內心的想法，會因為外在的干擾消失而突然冒了出來，讓你有重新出發的機會。

成功的人都有一套達成目標的方法。他們會採集資料，徵詢別人的意見，再加上自己的理性思考，然後自己做最後的決定。

理性的思考有兩項基本原則：

第一，對於未知的事實或假設，有推論及判斷的能力。

第二，對於已知的事實，能夠加以歸納分析。

理性的思考者通常會採取兩個步驟：

第一，分辨事實及未經證實的傳聞。

第二，把事實分成兩類——重要及不重要。重要的事實可以用來達成目標。其餘則都是無關緊要的。

許多人對於道聽塗說的傳聞及無關緊要的事實，不停地鑽牛角尖，因而導致失敗及悲劇。理性的思考者能夠判斷別人所表達的意見是否有價值，如果全盤接收某些自以為是的偏見、成見，或是想當然的臆測之詞，是非常危險的。

聽到「據說」這樣的開場白，理性的思考者會充耳不聞，因為他知道接下來都是一些沒有意義的話。理性的思考者知道，對自己負責任的人，一定要根據可靠的事實，才會發表意見或提出任何問題，而不會人云亦云。

理性的思考者也知道，朋友的意見不一定值得採納。如果他需要忠告，寧可付費尋求可靠的諮詢對象。他知道凡事必須經過審慎的考慮，才會有價值。

約翰‧杜克沒有受過正式的學校教育，也不會寫字，卻有一套敏銳而理性的思考方式，使他成為世界上最富有的人之一。他不浪費時間爭辯瑣碎或不重要的事情。他根據事實，迅速地做出決策。

有一天他遇到一位老朋友，那位朋友聽說杜克準備開兩千家香菸連鎖店，感到非常驚訝。

「我的合夥人和我，」那個朋友說，「只要開兩家店就忙不過來了，你還想開兩千家？那是一項錯誤，杜克。」

「錯誤？」杜克說，「我的一生都在犯錯。但是，如果我犯了錯，絕對不會停下來討論。我會繼續下去，犯更多的錯。」

杜克繼續他的計畫，開了零售香菸連鎖店，後來每個星期的營業額高達數百萬美元。他捐出數百萬美元設立杜克大學，這些錢對他而言微不足道。他致富的秘訣是：理性的思考加迅速決策。

❋ 8.學會授權

透過授權，你就有更多的時間思考戰略性問題，把大部分精力用在最有生產力的地方。

任何節省，都是時間的節省。

授權是提高效率的秘訣之一。授權代表成長，不但是個人，也是團體的成長。

授權是一個事業的成功之途，它使每個人感到受重視、被信任，進而使他們有責任心、有參與感，這樣整個團體同心合作，人人都能發揮所長，組織才有新鮮的活力，事業蒸蒸日上。

無論在任何時代，一個傑出的領導者必定是一個高明的授權人。充分授權是領導群體的最佳手段。

授權就是把工作分別託付給其他人去做。這並不是把一些令人不快的工作指派給別人去做，而是下放一些權力，讓別人來做些決定，或者給別人一些機會來試試像你一樣做事。而許多主管

都不願意放下他們原先的工作，而是把更多新的責任加在自己身上。但事實上，不卸下舊擔子，又背上新的包袱，你絕對會被累垮的。

　　要分配不同的工作給員工，同時每一位員工都有各自不同的才能和資質，這樣，分配工作的結果則可能是一部分工作有的員工樂意做，而另一部分工作卻無人可做。但是，既定的工作總得完成，要怎麼樣才能把工作安排得妥當的，就得看你這位主管的道行了。

　　明確分配工作，必須了解下屬的能力與才能，說明「做什麼」，而非「怎樣去做」。卡內基本人對鋼鐵的製造，鋼鐵生產的技術流程，照他自己的話說，知之甚少。但他手下有300名精兵強將在這方面都比他懂，而他僅僅只是善於把不同的工作，合理分配給具有不同所長的員工來完成。這樣，由於他知人善用，分配工作內行，也就籠絡了許多比自己能力強的人聚集在他周圍，為他效命。最終，卡內基獲得了事業的成功，登上了美國鋼鐵大王的寶座。

9.身邊的事不一定重要

　　美國史卡魯大鋼鐵公司的總裁查魯斯為經常半途而廢的工作大感困擾，於是向效率研究專家艾伊貝‧李請教提高工作效率的方法。艾伊貝‧李向他做了以下建議：

　　「首先寫出6項你明天必須要做的工作，再依重要性記上先後順序。然後將這張紙放入口袋裡，到了明天先處理第一項，在結束第一項工作之前不必顧慮到其他事情。接著用同樣的方法專注於第二項、第三項、第四項，如此一直繼續下去。如果一天只

能做完二項或三項的工作也不必太過於介意，因為最重要的第一項工作你已經完成了，其他的工作當可等待下次。如果用這種方法還不能結束全部的工作時，不妨採用別的方法。但我擔心的是一旦使用了其他的方法時，最重要的工作反而棄之一旁而本末倒置。」

「每天重複這麼做，如果感覺效果超乎你的想像，就可以指導手下照著做。當做到你認為滿意時，只要付給我一張你認為相等價值的支票即可。」

查魯斯試了一段時間後，效果非常驚人。結果艾伊貝‧李得到了一張價值2萬美元的支票。

一位卓越的實業家，應先將自己的工作計畫化。然後，從各種不同性質的工作中，擬定優先順序努力實行。如果能經常把第一優先處理的工作視為當務之急，那麼我們便不會為了毫無效率而感到停滯不前或困頓了，也不會再為那些毫無結果的努力，徒然消耗寶貴的時間和體力而憂慮了。

大多數人都認為手邊的工作才是最重要的。只要是眼前的工作，總是擺在第一，優先處理，而將全部的注意力集中在上面。所以事先如果沒有計畫，就很容易忽略權衡輕重的重要，毫無頭緒地開始工作。

手邊的事情並不一定就具有第一優先處理的重要性。離預期完成時間愈近的工作，也許是很迫切需要完成的工作，但若從整體的眼光來看可能就沒那麼重要了。因此，培養適當而正確的判斷及實際上能使作業順利展開的「習慣」，一定可將你的行動效率立刻增加數倍。

請將你所應該完成的全部工作，試著發出如下疑問──「這個問題的核心是什麼？這個計畫、這個工作，要如何區分工作本

質的重要優先順序？而且該區分成一點、二點、還是三點？」

　　這個技巧十分簡單，試著用這個方法實施一個星期，相信你一定會發現有股充沛的新力量灌注在你的生命裡，你將開始終止毫無意義、毫無價值的精力浪費，而將能源注入生命裡盡情展現旺盛的活力。

　　有一個家庭主婦，為了使日常家事工作能在忙碌中得以井然有序地進行，在廚房和電話邊放置了筆記用紙。許多從事商業工作的上班族，頻頻使用桌上的筆記用紙，也是遵照這個原則。

　　請各位隨時準備一本口袋般大小的筆記簿。每天早上非做不可的第一件事，就是將當日的工作計畫寫在這本筆記簿上。當一件計畫完成之後，再畫上一個表示完成的記號。

　　但是如果你所列出的全部工作，無法按照重要程度優先次序去完成，此時即便你盲目胡亂地去做，也不可能順利完成。在輕重緩急的原則下所列出的工作若仍有未完成的，而你又認為亦屬重要的話，可將其加入次日的工作列表中，並再次依其重要性重新安排先後次序。

❀ 10. 利用閒暇時間

　　你可能有這種體會，假期的下午5點到第二天的早上9點，其間所發生的事，會直接影響到你整個上午從9點到下午5點的工作情緒。由此可知，週末的生活方式有多重要。

　　查理是在星期六上午讀書，下午做雜事，星期天偶爾去打打高爾夫球，平常則和家人開車到郊外遊玩，傍晚返家，晚上則看看書和聽新聞等，過著安靜的生活。

　　馬丁在星期六上午睡覺，睡到中午才起床，下午只是看電

視，時間就在不知做什麼事中消磨過去，星期天也沒有什麼特別的計畫，好像很無聊地虛度過去，或者偶爾和家人外出，但是又玩得太過放縱，抱著一身的疲累返回。

用一句簡單的話來形容，查理的週末是有計畫的，富有意義價值。馬丁則無計畫，一點也沒有攝取到時間價值。結果到後來，這兩個人之間產生了很大的差距。

如果我們想獲得好的結果，就必須好好利用閒暇時間，讓我們攝取到所需的功效。

把零碎時間用來從事零碎的工作，從而提高工作效率。比如在車上時，在等待時，可用於學習，用於思考，用於簡短地計畫下一個行動等等。充分利用零碎時間，短期內也許沒有什麼明顯的感覺，但經年累月，將會有驚人的成效。

達爾文從來不認為半小時是微不足道的很小的一段時間，他說：「完成工作的方法，是愛惜每一分鐘。」

莫泊桑提醒我們說：「世界上真不知有多少可以建功立業的人，只因為把難得的時間輕輕放過而沒沒無聞。」

有多少身處逆境、命運多舛的人們，充分利用了這一些為我們許多人輕易浪費的時間，從而為自己建立了人生和事業的豐碑。

那些被我們虛擲的時光，如果能夠得到有效利用的話，完全有可能使得你出類拔萃，成為傑出人物。

瑪莉安·哈倫德能夠精打細算地利用好每一分每一秒，因而取得了非凡的成就。

作為一個繁忙的母親，她既需要照顧孩子，又需要操勞家務。然而，繁忙工作中的任何一點閒暇，她都用來構思和創作她的小說和新聞報導。

　　她終其一生地受到各種各樣的消極干擾，這種干擾完全可能使得絕大多數婦女在瑣碎的家庭職責之外，不可能有任何別的作為。由於她超常的毅力和對待時間態度上的分秒必爭，她最終做到了化平凡為輝煌。

　　哈麗特‧斯托夫人同樣是有著繁重家務負擔的家庭主婦，但她就是在那樣的條件下完成了那部家喻戶曉的名著——《湯姆叔叔的小屋》。

　　比才在每天等待開飯的短暫時間裡，讀完了歷史學家弗勞德長達12卷的《英國史》。

　　朗費羅每天利用等待咖啡煮熟的10分鐘時間翻譯《地獄》，他的這個習慣一直堅持了若干年，直到這部鉅著的翻譯工作完成為止。

　　休‧米勒是一個石匠，賺錢養家餬口是他的天職。但在做好本職工作的同時，他把一些零零碎碎的時間累積起來閱讀科學書籍，最終他根據自己和石頭打交道的親身經驗寫出了一本充滿智慧和才氣的巨著。

　　德‧格里斯夫人在等待給公主上課之前，把時間用於創作，日積月累，她竟然寫出了好幾部充滿吸引力的著作。

　　蘇格蘭著名詩人彭斯的許多最優美的詩歌，是他在一個農場上工作時完成的。

　　《失樂園》的作者彌爾頓是一位教師，同時他還是聯邦秘書和攝政官秘書。在繁忙的工作之餘，他刻意注重利用一些零碎的時間，珍分惜秒，堅持苦讀。

　　約翰‧斯圖亞特‧密爾曾經在東印度公司當小職員，他的許多傳世之作都是在這一時期完成的。

　　伽利略是一個外科醫生，他以專心致志的態度和常人少有的

勤勉，擠出時間從事科學研究，充分利用一分一秒的時間進行思考、探索和研究，從而為後人留下了豐碩的成果。

格萊斯頓隨時在口袋裡裝一些書，以便可以抓住任何一個空隙提高自己。

成千上萬的青年男女對光陰的匆匆流逝視而不見，麻木不仁，不能在即將過去的時間裡好好珍惜自己的青春。

他們無法真正意識到時光如箭的殘酷，自信還有充裕的時間在等著他們，彷彿一個有錢人多叫幾個好菜而並不吝惜它們是否會被白白倒掉一樣。而當他們在毫無顧忌地虛擲大片的光陰時，另外一些懂得時光如流水、年少難再來的人則在與時俱進，爭分奪秒。

許多偉人之所以能流芳百世，一個重要的原因就在於他們十分惜時。他們在一生有限的時間裡，充分利用每一分鐘，一刻不停地工作、累積、進步。

在但丁所生活的時代，幾乎義大利所有的創作者同時又都是勤奮工作、恪盡職守的商人、醫生、政治家、法官或是士兵。

當邁克爾‧法拉第還只是一個裝訂書本的學徒工時，他把所有的閒暇時光都用來做實驗了。有一次，他寫信給朋友說：「時間是我們最需要的東西。要是我能夠以一種便宜的價格把那些整日無所事事的紳士們空閒的每個小時——不，是每一天——給買過來該多好啊？」

是啊，只要把一些零零碎碎的時間累積起來加以利用，就能產生豐碩的成果。滴水成河，粒米成籮。貴在點滴累積，持之以恆。只要每天抽出一小段時間有效地加以利用，就必能創造出奇蹟。

德國偉大的自然科學家亞歷山大‧洪堡每一天都事務纏身，

忙忙碌碌，只有在夜深人靜的晚上或許多人睡夢正酣的凌晨，他才能抽出時間來從事自己熱愛的科學實驗。

只要每天找回在瑣碎小事上或在懶散中浪費掉的一個小時，並有效地用於自我提高，假使累積10年，一個智力平庸的人也可以精通一門科學。一個毫無知識的文盲也可以變成一個有著相當文化修養的人。

光陰似箭，日月如梭，時光一去不復返。我們不能讓時間白白地流逝。我們應該努力學習一些有價值的東西，掌握一門科學或者養成一種良好的生活習慣。

如果每天花一小時用於自我提高，可以使你的人生發生極大的變化，決定了你只是在簡單地維持生存，還是過著一種充實的、有意義的、愉悅的生活。每天一小時或許可以使沒沒無名者成為家喻戶曉的名人，使一個原本微不足道的人變成對他的民族功德無量的英雄。

在懂得了時間的巨大價值之後，再回過頭來看一看，讓時間隨意在閒散無聊中流逝，是一種多麼觸目驚心的浪費——簡直是犯罪啊！當生命快要終結、日子所剩無幾的時候，再想到應當更明智地利用時間時，倦怠和懶散的習慣已經根深柢固，已是積重難返，無法挽回了。

每一個人都應該養成這樣一種習慣，珍惜和利用好生命中的分分秒秒，把握任何一點閒散的時光。

你可以把這樣一些空閒時間用於改進你的本職工作，使之更上一層樓。你也可以將其用於開拓新的領域，讓自己接觸更為廣闊的天地。

你需時刻牢記「時不我待」——時光像流水一樣匆匆過去，與其獨立江頭空嘆「逝者如斯夫」，不如從此刻發憤努力，珍惜

分分秒秒。

課後分析：

◆問題不在時間夠不夠，而在你會不會利用而已。

◆發揮潛能的秘訣是：抓住現在，不要沉湎於過去。

◆你最寶貴的財產是你生命中的時間。

◆務必每天都給自己一點不受干擾的獨處時間。

◆任何節省，都是時間的節省。

第九課
抓住靈感，創造奇蹟

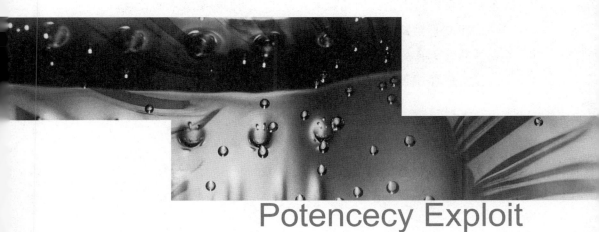

Potencecy Exploit

　　想像力比知識更重要，因為知識是有限的，而想像力則概括著世界上的一切，並且推動了創新，推動著世界的進步，是知識進步的泉源。

　　創新來自於靈感，而靈感來自於何處呢？

　　一個新想法往往來自於現有知識與過去經驗的結合，來自於發現兩個或兩人以上研究對象或設想之間的聯繫或相似之處。

　　而其重點歸根究柢可以總結為四點：敏於觀察，勤於思考，善於綜合，勇於堅持。

第九課

抓住靈感，創造奇蹟

1.記憶是產生靈感的前提

科學技術飛速發展的今天，要求人們的記憶更加科學化。在人類知識不斷提升的今天，學習的任務並不在於要求死記硬背一大堆詞句，而是如何能記住學習的要點，在需要時，能順利取出這些知識並加以運用。這就要求人們以最少的經歷，記憶應該記住的資料，也就需要研究記憶的學問。

要有一定能記住的信心

一般人總以為「自己記憶力差」，因此也就在不知不覺中替自己的記憶造成障礙，使自己經常忘東忘西、經常遺忘，這是事所必然的。

假如你是一名要參加高中聯考考試的學生，那必定會落榜，相反地，假如你下定決心去記憶、背誦，又確信一定能記住，那麼你的記憶力就會大大增強。

英國著名隨筆作家湯瑪斯·德·昆西在強調對自己的記憶力具有信心的重要性時指出：「記憶力隨任務的增多而增強，對自己有信心，就必定能完成任務。」

你如果試行這條簡單的哲理就會感到：「原來如此！」

人們常說：「這個世界是由信心創造出來的。」這句話絲毫

不假，力量是成功之母，而信心則是力量的泉源。一旦有了堅定持久的信心，人就能爆發出遠大的、不可思議的力量。這就是心理學上常說的「自我暗示」。「自我暗示」朝向正面，成功者就非你莫屬。常言道：「堅定的信心能使人拚命」就是這個道理，一個具有非凡記憶力的人，就一定具有非凡的信心，能輕鬆愉快的發揮記憶力的作用。反之，一個不堅定的人往往會記憶力不足。

你自己的態度，既能幫助你記憶，也能妨礙你記憶。例如：「別人說的話完全記不住。」這種態度實際上就妨礙你進行記憶，消極的態度本身就是一個問題。

手拿演講稿演說的演說家實際上並不是在演說，而是在宣讀演講稿。你如果能打從內心相信「我一定能記住」，就自然會記住，這種信心是自我暗示所必然帶來的。

對於我們會做的、能做得來的事情我們都會有信心，這是必然的，大家都有體會。因為我們曾經做過這件事，心裡有底，也就是說，成功會使人增加信心。

當你面對需要記憶背誦的課程時，首先你必須排除畏難之心，然後從大處著眼，小處著手，從實際出發，先記一小部分資料，例如記外語單字時先從5個開始著手，用心去記，反覆背誦幾次，誰都能記住，測驗一下發現自己能得滿分就是一個小小的成功。

每取得一次好成績，你就會增加一點信心，能記住一個單字，再增加到記多個，循序漸進地使自己獲得成功。

培養信心的同時也要注意記憶方法，遵循記憶規律去學習，這樣就容易獲得好成績。對於記住的東西要及時複習，這樣才能使你愈記愈多，不至於今天記住了甲，卻忘了昨天記住的丙。只

要你有一次考試獲得成功，就能大大增強你的自信心和自尊心。

培養信心還有一個方法，那就是回憶過去的成功經驗。每天入睡前，用5~10分鐘時間做一次這種練習，例如：

「上小學時，我用1天的時間就背誦下來全班同學的名字。」

「有一次複習英文，我把課本中的單字都背下來了，而且考試獲得了100分。」

「明天的電視節目預定表我都記住了。」

「昨天我總共背了20個單字，一點錯都沒有。」

只要經歷過成功的事，我們就會堅定自己的信心，從而整理出最有成效的方式來，在不知不覺中增強了自己的記憶力和注意力，反覆練習一段時間後，在考試前，你可以用1~2分鐘來穩定情緒，在頭腦中浮現出成功的經驗來，然後藉此聯想到「上次我就做得很好，所以這次我也一定能記住。」如此一來，你就能有條不紊地運用你記住的知識，就能很少出現想不出答案來的現象。

要有記憶的意圖

當你想要回憶某個單字，而忘得一乾二淨怎麼也想不出來時，其真正的原因可以說是你當初沒有想要記住的意圖。

你回想一下，以前學習英語時是以什麼樣的態度和意圖記單字的呢？例如：在學習語法、關係代名詞時，一般總是注意翻譯的意思或關係代名詞前有無句號區別，而沒有去記住它前後有什麼單字，同樣地，在為提高英語閱讀能力而學習時，也過於注意如何翻譯，而沒有注意每個單字，有時甚至不想去考慮每個單字的意思，甚至想把別人翻譯的文章完整地記住並用來對照自己學習的文章。

用這樣的方法學習，無論能背誦多長的文章，你的記憶力都

將得不到任何提升，因為這樣做完全違背了心理學上的記憶規律。

要記住某個事物時，首先你必須對它產生印象，在心中做個記號，當你忘記某個單字或某件事物時，請你回想一下你在接觸該單字或該事物時，記憶的意圖是什麼？記憶的意圖非常重要，因為要增強記憶力，先有一個明確強烈的意圖，至關重要。

記憶別人的面貌和姓名的方法，任何學校的課程中都沒有，也不是學習的內容，因為，一般人如果沒有思考記憶的意圖，也就容易遺忘別人的姓名和面貌。

教育心理學的著名教授桑代克做過幾次實驗，測試了記憶的意圖對記憶效果的作用。在一次實驗中，命令第一小組的學生僅僅寫下一連串的單字和數列；命令第二小組不僅要寫下單字和數列，而且要記住，結果哪個小組的成績好呢？當然是第二小組。

桑代克教授的實驗結果，我們從日常生活經歷中也可以體會到。發生某件事時，如果努力使之在心中留下印象，就能記住。

記憶時記憶的意圖具有重要的作用，意圖一般都有股推動你去記憶的強大力量，即驅動力。動機愈強烈，渴望記憶住該事物的意志就愈強烈，因此能記住。

一切學習和記憶的根本是要有良好的動機，沒有十分強烈的動機和目的，即使你想記住某事也難以做到。

想記住某事的動機愈強烈，愈容易記住，有了明確的目的，便能更進一步加強動機，也就更能大大提高學習和記憶效率。因此，當你想要記住某種特定的單字、事物、概念、姓名及面貌時，自己必須充分理解你為什麼要記住的目的與動機，並努力增強記憶動機。

有些學生記憶、學習知識，只是為了應付下節課的老師的提

問，或者是為了應付考試，以這種態度來進行記憶，當然就不可能長久地記住資料與知識，考完了，所背誦和記憶的知識也就還給老師了。所以僅從記憶這個角度來說，也要教育學生對學習務必具有正確的動機和遠大的目標。

在心理學中進行過不少這類的實驗，讓甲、乙兩組學生背誦相同的資料，對甲組的學生說3天後檢查，對乙組學生則說隔兩週檢查，實際上兩組都在閱讀資料後3週才進行檢查，結果乙組的成績遠遠超過甲組，這就是近期目的與遠期目的影響了記憶力的保持。

在現實生活中，有些東西雖然你天天接觸，卻對它沒有記憶，因為對這些東西沒有記憶的需求。例如，一個人常常回答不出他家的樓梯有幾級、手上戴的手錶表面是什麼花紋等等問題就屬於這種情況，一件事要求的保持記憶時間的長短和記憶效率也有關係。

我們常會遇到這種情況：一個新的電話號碼當你電話打完時，這個電話號碼也被你忘掉了，之後再需撥打這支電話時又得查閱電話簿。這種短期記憶為什麼不能轉變為長期記憶呢？主要原因就在於根本沒有長期記憶這支電話號碼的需求。

在記憶的過程中，首先明確自己的記憶目的是非常重要的。以下是記憶目的實驗中的兩種假設情況，如果測試者是你，你覺得在哪種情況下會記憶得比較快呢？

條件一：有大量的空閒時間，為了消磨時間，每天讀10章《英語會話入門》。

條件二：你是一位等著參加三星期後就職考試的大學生，面試公司是一個在紐約、倫敦、新加坡等地都有子公司的大貿易公司。這次規定錄取者有到海外出差的特權，因此會說英語者當然

會優先錄取，所以在這三星期內必須每天讀10章《英語會話入門》以備應考。

答案是不言而喻的。為了能夠錄取而達到可以前往海外出差的目的，你會產生強烈的記住《英語會話入門》的欲望。如此一來，你在進一步的學習記憶中效率特別高，也就毫不稀奇了。

你乘坐汽車兜風過嗎？有過兜風經驗的人很快就明白，坐公車或火車去兜風與自己開車去兜風不同，因為到什麼地方、如何駕駛、行駛路線如何都完全記不住，或者即使有記憶也非常淡薄。所以到了什麼地方、如何到的，也幾乎都不去注意，即使記住了景色或河川的名字，也不會去注意行駛當中的重要路標或在什麼方拐彎、從第幾條路向南走等等。但是，汽車駕駛肯定會記住道路，特別是走原路返回時更加明顯。因為他與乘客不同，它有強烈的記憶需求。

學習外語時，僅僅聽老師講課作筆記或囫圇吞棗地背誦課本上的公式、歷史事件時，請你仔細想一想這些東西對你有多大的必要、有多少益處。在學校學的東西之所以很快就被遺忘，這是因為你頭腦中的動力僅僅是為了通過考試而學習，學習的動機僅僅是為了應付考試。因為缺乏累積知識的目的，所以大多數的人考試一通過，很快就忘掉已學的知識。

記日記的習慣也是一樣的。當我們想養成寫日記的習慣時，往往僅持續幾天或一星期就開始懶散起來，或是縮短日記內容，或是隔幾天才記。然而，寫日記的習慣對於作家來說，卻不容易被遺忘。由於我們對寫日記沒有強烈的動機和目的，而作家卻有多動筆這樣一個明確的目的和盡量準確、詳盡地記下日常經歷的動機，而這個動機將驅使作者毫不懈怠地記日記。不僅動機不同，而且寫了日記以後還要記住，這對記憶很有好處。

　　總之，有明確受益的目的比沒有明確受益的目的，記憶效果要好。在記憶時，以特別積極的意圖去想這種記憶對你有多少益處、多少報酬也很有好處。

培養記憶的興趣

　　大家都有過這樣的生活體驗，對於感興趣的事物很容易記住，並且記得特別牢固；對不感興趣的事就容易忘記。

　　大多數人即使是第一次聽到Love（愛）這個單字，都會馬上將它記住。目前流行什麼歌、自己偏愛的偶像歌手的代表作及個人生活隱私都會記得一清二楚。

　　老師布置的回家作業也許會被遺忘，但和戀人的約會日期、時間、地點以及第一次接吻的情形，卻極少有人會忘記的。

　　愛因斯坦曾經說過：「興趣是最好的老師。」有了興趣，在學習時，大腦就會處在優勢的興奮狀態，使你能排除干擾，專心致志，記得快，記得牢；會使你以苦為樂，不知疲勞，愈學愈興致高昂。

　　更重要的是，興趣還往往會決定一個人的志向。不少科學家、文學家，都是從小對某一門學問產生了濃厚的興趣，繼而確定了自己的志向，後來才做出了偉大的成就。

　　有兩個人休假結束後從山上回來，一位朋友詢問他們二人在山上的生活如何？其中一個人詳細地描述了山上的美麗風景，另一個人則熱衷於大談山中野味的美味如何令人難忘，可見，前者對風景感興趣，後者則對美食有興趣，兩個人分別對自己所感興趣的事物記憶得特別深刻。

在最佳心理狀態下進行記憶

心理學的實驗證明，當人們處在心理狀態較佳的時期時，記憶訊息非常容易被儲存，而處於有干擾或較差的狀態時，記憶訊息就不太容易被輸入，甚至被牴觸或破壞訊息的輸入。因此，在記憶的過程中應盡量保持最佳的心理狀態。

我們都有這樣的生活體驗，記憶時若心情愉快就容易記住，效果也很好，反之，就難以記住，效果極差，甚至半天也不知道自己看了些什麼。

「人逢喜事精神爽」的時候，記憶就會變得特別清晰，而心情壓抑，表現為一種沮喪、消沉的心理狀態時，一些本該能回憶起的事情也似乎跟著想不起來了。

高爾基在小說《人世間》中，對恬靜舒適的心理狀態會提高各種心理機能（包括記憶機能），做了生動的描述：「樹林在我的心裡引起了一種精神上安寧恬靜的感覺，我的一切悲傷都消失在這種感覺裡，完全遺忘了不愉快的事，同時提高了我的感受性：我的聽覺和視覺變得敏銳多了，記憶力也增強了，我頭腦裡所儲存的印象也變多了。」

實驗者亨德森曾做過一次心理學實驗：選擇10位受試者，請他們談論他們一生中所經歷的100件事。

結果這10位受試者所記住的100件事分類如下：

55％是愉快的事；

33％是不愉快的事；

12％是平凡的事。

約翰遜·塞繆爾博士指出：「毫無理由卻迎面揍了你一拳的人，你大概絕不會忘記吧！」其理由很簡單，就是「揍」給你留

下深刻的印象，這件事使你大發雷霆；但是，如果對方給你的印象很一般，你必定很快就會遺忘，因為他沒有給你留下任何印象，意即你完全沒有注意到。

弗德里克·威廉·尼奇先生則指出：人總有想遺忘不愉快的事的傾向。達爾文的切身經歷說明了這一點。當他碰到與自己所支持的學說有矛盾的論點時，就必須立刻記錄下來，這是因為若不馬上將它寫下來的話，很快就會被遺忘。這一點是他親身經歷過的。即使是最偉大的生物學家之一的達爾文，也不願意去聽那些不愉快的話。

在各式各樣的心理狀態中，人的情緒狀態和記憶效果更加密切。

有人做過以下實驗：先讓受試者記憶一組形容詞，然後將他們分成A、B、C、D、E、F六組，且分別讓A組閱讀笑話集，以驅散緊張感，調整心理活動；讓B組背誦3位數的數字；讓C組記憶無意義的字節；讓D組記憶一組與先前實驗用的形容詞無關的形容詞；讓E組記憶與之前實驗用的形容詞相反的一組形容詞；讓F組記憶一組與之前實驗用的形容詞同義的形容詞。

最後，請六組受試者寫出他們在實驗中的兩階段所記憶的所有形容詞。其結果是，A組再現了45％；B組再現了37％；C組27％；D組22％；E組18％；F組12％。

可見良好的情緒確實能提高記憶的效率。

過度興奮、緊張、哀傷等情緒都不利於記憶。這時最好的辦法是進行散步、聽音樂等能讓情緒恢復平靜的活動，使激動的情緒安定下來後，再進行記憶。

有時若覺得太過壓抑，還可以適時「放縱」一下自己，選擇一項自己最喜歡做的事，如玩兩個小時電玩、到高處大肆吼叫一

番，徹底釋放和發洩一次後，再重新投入到學習工作中去。

如果你的注意力不集中是因為遇到不幸的事而陷入憂傷的情緒，始終無法擺脫時，除了盡量想開一些，最好的辦法是適當地調整原來的讀書或工作計畫和發展。如果到了該讀英文的時間，可以改做你所喜歡的數學題；原打算看完10頁再喝咖啡，可改為8頁等等。總之，若一味勉強自己按原計畫實行，特別是做你不愛做的事時，只會讓你的心情更糟，收效更差。

此外，還應注意：在記憶過程中失誤在所難免，如果一味地誇大失誤，只會造成更大的挫敗感和自卑的心理，使自己陷入自暴自棄的負面情緒中，陷入惡性循環。此時，你應儘快冷靜下來，耐心尋找失誤的原因並採取應對措施，告誡自己：「我只是偶爾失誤，我可以做得更好」，堅決將「我總是很慌張」、「我每次都看錯題」中的「總是」和「每次」等字眼去掉，使自我暗示朝向正面，下次才不會再犯同樣的錯誤，使心情舒暢，將失去的信心撿回來。

訓練你的記憶力

嚴格來說，根本沒有「記憶力」不好的情況，因為我們窮盡一生時間的所見所聞，都會藏在「記憶的潛在意識裡」。或許會有人提出疑問：「如果我能記住所有的事，那又為什麼會忘記呢？」

不錯，的確會有這種遺忘的現象，所謂「遺忘」，其實是你的「潛意識」要求你不要再去記住它，不過你仍然可以在需要的時候回憶起來。

不久，你將意外地發現，真的可以回想起來。其原因就是你對「潛意識」下達了新的指令——「把那些資訊趕快查出來，再

回到意識裡。」

◎充分展開聯想

聯想，就是用與字母或數字有關的一連串符號，很有秩序地串連起來，把需要記憶的事像鉤子一樣地掛上去。

例如：把蜜蜂窩和壞掉的椅子連結起來。把這種連串的構想深深刻印在腦海裡，如果你想連結這兩項，別忘了椅子是壞掉的，同時再想像著蜜蜂飛舞在壞掉的椅子四周穿梭不停，並且不斷反覆想像這個畫面……

無論如何，善用聯想對工作是很有幫助的。

◎集中你的全部心智

有一位學者曾說：「要牢牢記住你新學的知識，就必須宛如凝視你的初戀情人一般，傾注你所有的感情去看它，愛之愈深，記之愈牢。」

你也必定有過一邊聽人說話，一邊卻在想其他事情的經驗！仔細回想看看，事後你是否在回憶對方所說的話時，卻怎麼也想不起來？這就是由於精神不集中的緣故。

集中注意力可以幫助記憶，這項工夫多多少少需要自我訓練，如果你有胡思亂想的習慣，那就更需要加強此項訓練。

你可以嘗試做「數字遊戲」，例如在逛街時，集中注意力去記下經過車輛的車牌號碼，把它一一印在腦海裡，並在腦海中描繪出這些號碼的畫面。一開始必定會覺得很困難，然而只要練習的次數多了，就一定會大有進步，就好像肌肉的強壯程度並不與年齡完全相關，只要經常運動，肌肉自然會結實。記憶力也是如此，長久不用，自然也會變得遲鈍。

◎注意多觀察

我們每天「不知」看了多少事情，從表面上看，似乎看得很

仔細，但仔細想想卻又似乎沒有什麼印象。

你可以測驗一下自己的觀察力，例如你的鄰居家中到底有多少人口、房子是什麼形狀、院子裡有什麼花？……

雖然你可能已經住在這裡很久了，每天會看見許多次，但是你能確切地說出幾點呢？

從今天起，你應該把「觀察」做為你生活中的一部分，把目光所及的事物，都以「觀察」的眼光來訓練自己。

如果你能有恆心地持續訓練一個星期，你一定會感到吃驚——原來你竟然忽略了那麼多的人生樂趣。

◎集合五官

我們有觸覺、視覺、嗅覺、味覺、聽覺五大感官，但一般人用在記憶方面的，大概只需視覺、聽覺兩種而已。然而一個記憶力強的人，他卻能善用這五種感官，敏銳的觀察四周。

觸覺能告訴我們事物構造的粗、滑等情形；味覺能辨別甜、酸、鹹等味道，嗅覺能聞出香、臭的東西，這些感覺如果能夠詳盡地記錄下來，我們的記憶力一定能因此得到相當的改善。

2.創新靈感的產生至關重要

創新思想改變世界。

創新決定每一個公司的成就、每一個地區的生活方式。每一個文明國家都是憑藉著創新的力量，以及將它們運用於實踐中的能力稱冠全球的。中國、印度、美國、英國、埃及等國家，都是基於不同時期創新思想的力量而有了燦爛的文明。

創新的技巧

整個社會，都要求我們發揮創造力，不論是公司行號、工廠，都是發揮創造力的有利環境。

而養成創新能力的第一步，就是要有：「我能夠做到那些事」的想法，不論面對任何問題，一定要優先確認自己有足夠的能力去完成任務的積極想法。

有位經營管理顧問曾做過一個有趣的實驗：

他對上課的學生們說：「你們當中有多少人認為，在最近30年內能夠廢除監獄制度呢？」

大部分的同學都愣住了。過了許久，才有一位學生抗議道：「老師，你是說要把殺人犯、小偷、詐欺犯等罪犯全部釋放出來嗎？假如這樣做，你認為社會會變成什麼樣子呢？」

有個學生接著說：「假如廢除監獄制度，社會一定是一團混亂……」這時又有人反映：「絕對不可以廢除，因為在人性中，天生就有著一種罪惡的犯罪傾向……」

台下一片熱烈的討論聲，約莫過了十幾分鐘後，這位講師才接著發言，請學生推派出一位代表進行全部討論的總結。

起初又是一陣沉默，而後眾人才又道：「如果能預先設置防範機構，那麼監獄制度或許可以廢除。」

接著又有人提出意見：「如果要實行這種制度，應該首先消除貧困，或是從矯正罪犯開始著手……」

學生們又掀起一陣討論的熱潮，這個實驗已經達到預期的效果了。

你如果覺得某件事不可能完成，那麼你的心必定朝著「不可能」的方向走去，相反地，你的心認為可以完成，情況就完全改

觀，由這個實驗可得到證明。

「相信自己一定能夠完成」的這種心態，就是開拓、創造、解決問題之路的開端。如果你深信自己無法完成，就會形成破壞性的想法，因此事無鉅細，永遠沒有成功的時候。

根據腦科學的研究，創新是左、右大腦半球共同的勞動成果。科學家發現，左、右大腦半球有一定的分工模式，它們各有各的優勢。左腦半球長於邏輯分析、習慣思維、抽象思維；右腦半球則長於綜合思維、創新思維、形象思維。

因此，只有保持左、右大腦半球兩種思維模式的良好張力，才能取得較大的創新成果。科學史、藝術史等歷史中大量的創造者的創新實踐為我們證明了這一點。創新需要的不僅是單個腦半球的專長，而是需要左、右大腦半球的互補與合作。

對創新來說也是如此，一個人的大腦往往是不夠用的，因此利用他人的大腦來提供思路，是提高創造力、促進創新思維發展的一個有效辦法。亦如水擊產生漣漪、石擊迸發火花。思維與思維的碰撞，會激發創新的思維；智慧與智慧的碰撞，會萌發新的智慧。

創新學得來

創新也是可以學習、可以培養的。人並非天生就會進行創造。正如魯迅先生所說：「天才的第一聲啼哭，絕不是一首好詩，一些創造的大家們，也並非從小就智慧橫溢，創造力十足的。」

一生取得1,000多項發明專利權的愛迪生只讀了幾個月書便休學了。創立相對論的愛因斯坦從小學到大學，都被老師認為是平庸甚至愚笨的學生。被認為是一切天才中的天才的牛頓，少年時

代也是成績平平，唯有玩具做得出眾一點罷了！

可以說，他們的創造力主要是後天鍛鍊出來的，那麼你如何使用你自己的頭腦來進行創新呢？

以下是發展創新能力最有用的幾個方法：

◎界定你的問題

這是首先最需要做到的一點，唯有明確界定了你想要獲得的東西或想要達成的目標後，你才能衡量理想與現實之間的差距，著手進行其他的幾個步驟來進行彌補，組織起自己的創新細胞，在現實與理想之間架構起連結的橋樑。

◎收集所有的材料

一個新想法往往來自於現有知識與過去經驗的結合，來自於發現兩個或兩人以上研究對象或設想之間的聯繫或相似之處。

因此在界定問題後，你的下一步就是去收集你能收集到的一切資料，除非你能夠對一個情況或領域掌握住大量資訊，並且研究得爐火純青，否則你未必能找到最好的新的解決方式。

這些資料可以是特殊的——與你的工作、行業或問題相關，也可以是一般的——那些你從各式各樣的領域中收集來的資料。

如果你是一個不知滿足的訊息的探求者、一個提問者、一個讀者、一個用筆記和神經細胞的樹突來儲存訊息的人，那麼你就算是完成了成為一位偉大的創造者的第一步。

◎嘗試各式各樣的組合

一個新想法往往來自於現有知識與過去經驗的結合，因此在收集材料後，你應去嘗試各式各樣的組合，切記不要太過集中於你的專長領域，或是被自己先入為主的成見所束縛。應盡可能的從廣泛的不同的角度去不斷地嘗試，特別是那些遠離你擅長領域的部分。

◎讓潛意識來幫忙

臨睡前，回憶你的問題以及理想的創新方式。如果你已經設下最後期限，那麼運用默唸的方式將它放進你的「大腦資訊庫」，例如：「在5月12日我一定會完成企劃案。」那麼你的潛意識就會進行接管，它從不休息。

然後，你將驚訝地發現，在你或許在刮鬍鬚、或許在淋浴、或許在小憩中，突然之間，一個嶄新的解決方法和答案就出現在你眼前。這一過程與人腦處理訊息的過程相似，就像你能使用你的潛意識將訊息歸入模式中一樣，你也能使用你的潛意識故意打破那些模式而發現新的創意。

🐝 3.靈感的迸發

思維看不見摸不著，似乎很玄妙，其實它無時不在、無處不在。

它是人腦對物質世界的反應，並在人的腦中將物質轉化為思想層面上的事物。這既包括思維過程，也包括思維結果。

思維對客觀現實的反應具有超越性。思維反映現實，再現客觀現實，但並非將這種現實的客體直接灌輸進人的頭腦中，也並非直接生成某種具體的直觀印象，而是透過對客體進行觀念的加工改造，表現為對感性的直觀接收。

思維的亮點

思維超越現象深入揭示事物的本質和內部的聯繫，即思維能認識現象的本質與現象之間的關係。這一點對我們來說尤其重要，因為這其中蘊藏著極大的機會。

　　愛德華‧琴納是一位英國的鄉村醫生。因為看到天花使無數的孩子失去生命，而一直在尋找戰勝天花的方法。

　　有一次，琴納前往鄉村行醫，看到村裡有許多漂亮的少女，她們一個個臉色紅潤，看上去非常美麗、健康，沒有一個人是麻臉。一打聽，人們說她們全是擠奶女工。

　　琴納感到很奇怪，為什麼擠奶女工不生天花呢？他認為，世界上任何事物的發生都有其原因，擠奶女工之所以不生天花，必定有什麼原因在裡頭。如果能找到擠奶女工不生天花的原因，或許就能找到治療天花的方法。

　　養牛工人給了他答案：

　　牛也有類似於天花這樣的疾病，就是牛痘，其症狀與人的天花相似，也會發燒、長痘子，也能夠傳染給人。擠奶女工因為經常與牛接觸，容易生這種病，但這種病並不可怕，只會稍微有點怕冷怕熱，沒幾天就痊癒了，奇怪的是，一個人若是得過一次牛痘，一輩子也就不會再生天花了。

　　琴納因此從擠奶女工那裡得到啟發，發現了種牛痘以得到天花抗體的方法。這也是醫學史上疫苗接種的首度成功案例。因此種痘也被引申為「疫苗接種」的意思。

　　琴納從擠奶女工不生天花這個事實，溯根尋源，尋找其中的原因，創造性的把牛身上的牛痘接種到人的身上，使人產生一定的免疫力，產生對天花病毒的免疫作用。琴納開創了預防醫學，也就是免疫學。他的創造和發現，使人類戰勝了天花，拯救了無數的生命，保護了千百萬兒童的健康。

　　我們追溯琴納探索牛痘的過程，他思考的重點在哪裡呢？

　　首先他喜歡溯根尋源，發現擠奶女工不生天花、不麻臉，這當然是一種發現，但是這還停留在現象的發現上，琴納發現擠奶

女工不生天花以後，他深入的思考造成這種結果的原因，他的思考就比一般人更深了一層，從發現現象到思考原因，這是思維深刻性的一種表現，思維愈深刻，愈容易找到事物的本質，和深層的原因，愈容易找出深層次的規律來。

每個人的知識和智慧總是有限的，世界無限大，要知道的事物是如此之多，而每個人所能了解的是有限的，因此，要善於利用其他人的大腦，要善於請教有專業知識的人，琴納因為對擠奶女工不生天花不了解，他就虛心的向養牛工請教，這種請教的過程，就是利用其他人的大腦的過程，養牛工告訴琴納許多牛生牛痘的知識，可以說，琴納的知識來自養牛工的知識，他的聰明在於他善於學習，善於向內行的人學習。善於利用他人的知識，一定比一般人豐富，他們也愈容易取得成功。

琴納在了解牛痘和天花的知識以後，很快地想到二者的統一性，他認識到天花是一種人痘，牛痘是一種牛生的天花，它們是同一類疾病，只是程度有所不同，牛痘比較輕，天花比較重。

琴納從異中看到統一，這是思考的一種特色，而更重要的是，他發現牛痘能致病也能防病，他想能不能透過治病來防病？他異想天開的想：為了防止天花，就要感染症狀比較輕的牛痘，避免嚴重的天花。

在琴納的思維中，牛痘和人痘統一起來，牛痘治病和牛痘防病統一起來了，正是這種善於把兩極的東西統一起來思考的方法，使他找到了種牛痘預防天花的辦法。

思考能力有突破表象的能力，非凡人物之所以偉大，就因為有超人的洞察事物聯繫的能力，從人人熟悉的事實中，發現普通人發現不到的機會，縱觀科學的發展，除了牛頓又有誰，會因被一個蘋果打中頭，而去探討萬有引力定律呢？

發現並不是專利

思維作為對客觀現實的概括性的反應，是一個複雜、深刻的理性思維過程，包括一系列分析，抽象和綜合的環節，思維的概括性可說是眾多的，紛亂雜繁的事實中去偽取真，去粗取精的過程。

我們每一個人都需要做出選擇，在一些人生十字路口的決策，往往會徹底改變一個人的命運，在做出任何決定以前，都會有一個情報蒐集、情報處理和綜合的思維過程，它決定我們做出決策的正確程度和品質高低。

十九世紀60年代的某一天，美國科學家謝皮羅在洗完澡放水時發現，水順時針的轉著漩渦，看到一個漩渦接著一個漩渦，不斷地打著圈圈。

這種平常的現象引起了他的興趣，他想，這是不是這個浴缸的特殊現象，他穿上了衣服，又打開浴缸的水龍頭，水嘩嘩地流著，很快就放滿了，他拔出塞子，水又順著漩渦流著，旋轉的方向與浴缸裡的漩渦一模一樣，謝皮羅一次一次的試著，他發現，所有的水都是這樣，用同樣的旋轉的方向，打著相似的漩渦流著。

這是為什麼呢？他想，共同的現象一定有著相同的原因。

他又想到在地球赤道的水，那裡會不會有漩渦呢？那邊水池裡的水會怎樣流出？是否也有相同的漩渦出現呢？

就為了一個貌似平常的問題，他不遠千里來到赤道，他觀察水池，看有沒有漩渦，結果，他看到赤道的水流沒有漩渦。

他又來到南半球觀察，發現漩渦的方向正好與北半球相反，北半球是順時針方向，南半球是逆時針方向。

　　他從觀察中得到結論：流水的漩渦可能與地球自轉有關。

　　他又想到颱風、龍卷風都是流體的運動，空氣也是流體，北半球和南半球的龍卷風，也一定是按與水流同樣的規律旋轉的，北半球和南半球龍卷風產生的漩渦的方向，也將是彼此相反的。

　　利用這種理論，可以推測颱風的移動規律。

　　謝皮羅非常善於觀察，這些不顯眼的現象，沒有逃過他敏銳的眼睛，浴缸的水流方向一般人是不太關心的，也不會去深入探討，但是，謝皮羅卻與眾不同，他注意到了漩渦的方向。

　　謝皮羅沒有滿足於眼睛的發現，他追求的是深度的探索。他努力用心去發現，就是說，要對所發現的現象做出一個合理的說明。為此，他對赤道和南半球流水產生的漩渦，用北半球做了推測，然後實地考察，與北半球的情況做了比較，這種比較大大深化了對漩渦的認識，對於揭示漩渦產生的原因，也有啟示的作用。

　　更可貴的是，他沒有停留在說明已知的現象，而是利用獲得的水漩渦的知識，把它推廣到新的領域，尋找新的知識。他從水推廣到大氣，從水流推廣到氣流，從流水的方向推測到龍卷風的方向，這樣，就把知識擴展了，也為驗證自己的假設，提供了新的舞台。

　　自然界到處都隱藏著祕密，到處都有發現的機會，天天是發現之時，處處是發現之地，如果我們善於觀察，小心地捕捉奇異的現象，努力用理論去說明它，尋找它的原因，更多的人也能做出自己的發現，因為它不是某些人的專利。

　　謝皮羅從最不起眼的浴缸水流的漩渦現象觀察，發現了一個重要的祕密，這就是一個有力的證明。

直覺的魅力

直覺是人腦對於突然出現在面前的新事物、新現象、新問題及其關係的一種迅速認識，敏銳而深入的洞察，換句話說，即是直接領悟的思維。

創造過程是無意識的進行的，真理不是透過有目的的推理，而是憑著我們的直覺得到的，直覺是一種無意識的思維，人們透過感覺可以認識事物的現象，藉由直覺認識事物的本質和規律。

直覺可能為我們提供正確的事實判斷，而這種判斷是無法依邏輯推理完成，而是在無意之中突然出現的感覺。當然，這種直覺並不是憑空杜撰而來，它實際上是人們尚未意識到，尚未總結的經驗。

某西藥房正準備打烊。

「小姐，請幫我拿兩瓶安眠藥」。

店員抬頭一看，是一位中年婦女，穿著得體，神態平靜，於是她拿出兩瓶安眠藥遞給她，但就在顧客付錢時，店員發現她的手微微顫抖，她莫非是打扮整齊，準備自殺的？

店員匆匆把店裡的事交代一下，馬上尾隨了那位顧客。果不其然，經過交談，那位婦女告訴她，她受不了丈夫的虐待，準備結束生命，這位店員發揮最大的愛心，極力的開導她，勸她應尋求法律及婦女團體的協助，幫忙解決問題，自殺只會傷害自己及家人，漸漸的，她抬起低垂的頭，答應照她的建議去做，就這樣，店員從死神的手中奪回了一個靈魂。

一個普通的店員，從未接受過有關判斷自殺的教育，她得知中年婦女要自殺的結論，只是一剎那的直覺，她的直覺是對的。這並非是她有特異功能，而是她在日常生活中，透過電影、小說

經歷過欲自殺者的一些徵兆，在潛意識有一定的累積，但尚未條理化，而中年婦女的徵兆也是自殺前的一種，喚醒了她潛意識中對自殺的認識，所以她能以一剎那的直覺做出判斷。

直覺也可以幫助科學家在創造活動中做出預見，愛因斯坦在面臨物理學上做出方向選擇的時候，憑藉他非凡的直覺能力，走出一條革命性的道路，結果用「光量子假說」對量子論做出了重大的貢獻。英國物理學家盧瑟福也是憑藉強烈的直覺，感到在原子物理和核子物理兩方面必定會有重大的發現，很早就進行原子核物理的研究，在最短的時間內做出很大的突破。

直覺更能幫助企業家做出非凡的決定。

早些年前，自賈伯斯決定加入蘋果電腦公司起，便開始向電腦世界發起強勢的進攻，接管不到一年的時間，便成了公司囑目的焦點。

賈伯斯認為所有重大的市場決策，都是由直覺產生的，經驗、資料及各種不同的視角成為他直覺的泉源，而且目標又引導了直覺。

正是這種直覺，在五月末的一個早晨，指導他挫敗了一次權力接管的挑戰，挑戰者是將其帶入蘋果公司的創建者之一，董事會主席史帝文·約布斯。賈伯斯揭發了約布斯的伎倆後，便控制了整個公司。

這樣，賈伯斯使蘋果公司成了二十一世紀的世界競爭參與者，他卸任後，讓蘋果電腦公司得以在盈利中求發展，並保持了公司的企業文化，維護了整個公司的事業。

化腐朽為神奇的力量

「金錢如糞土，朋友值千金」，這說明了朋友是世上最珍貴

的東西，但是既然金錢如糞土那麼一文不值，那朋友值千金不就意味著朋友如糞土嗎？這在直覺上的理解完全相反，在這說話的過程，彷彿是一隻看不見的手在支配我們，這隻手就是邏輯的思維規律。

邏輯的思維具有化腐朽為神奇的力量，運用得當，它可以透過平常的語言，達到說服或誘導的目的。

「事實勝於雄辯」，如果你的觀點在邏輯上站不住腳，那將是很脆弱的。

古時候，有一個賣矛和盾的人，鼓吹自己的矛和盾，「吾矛之利，於物無不陷也」，「吾盾之堅，物莫能陷也」，結果人家反問：「以子之矛，攻子之盾何如」？那人頓時啞口無言。

你是否也曾陷入這種尷尬的兩難境地呢？你表達的思想，理由一定要充分，思維一定要清晰，論證一定要嚴密，否則就會給人可乘之機。

一位年輕人想到愛迪生的實驗室工作，並向愛迪生表達自己的雄心壯志，他說：「我一定會發明一種萬能溶液，它可溶解任何物質。」愛迪生反問他：「那麼你想用什麼器皿來裝這些萬能溶液呢？它不是可以溶解一切嗎？」

就這樣，愛迪生輕易戳破年輕人的大話。

展開想像的翅膀

想像力是靈魂的創造力，是每個人自己的財富。

數學家波因卡爾，為了解決一道數學問題，在毫無所獲的情況下，他竟然去從事地質勘探工作。可是，就在這種情況下，一天，這道難題的解法突然在他的腦海中浮現了。

就好像橡樹從橡實發展成長，小鳥從卵中沉睡的胚細胞逐漸

成長一樣，你的物質成就也將從你在想像中創造的組合計畫中成長。首先出現的是思想，然後再把這個思想和觀念與計畫組織起來。最後，就是把這些計畫變成事實。你會注意到，一切都是從你的想像開始。

一切創造活動都離不開想像。

科學、藝術、商戰需要創造，就離不開想像。比爾‧蓋茲400億美元的財富的泉源就是其對電腦的未來無比豐富的想像力。在當今這樣一個高性能、高速度的網路世界裡，比爾‧蓋茲逐漸認識到：僅僅在桌面電腦上稱王是不夠的，而網路系統最終將使電腦工業的重心離開桌面。蓋茲正是在吸取歷史的教訓基礎上，不斷研究未來。在這裡。他正式運用到聯想和想像的方法，透過對歷史的回顧與現實考慮的縱向類比，由危機市場的現實狀況，推導、聯想到危機今後的發展趨勢，這是一現實與想像相結合的產物，也是對消費者、對市場深入了解的結果。

不速之客——靈感

詩人寫詩，有時輾轉反側，腸枯思竭，連一字也寫不出來；有時又因某種情景的觸動，詩意像潮水般湧上心頭，妙語連珠，書之不暇。

科學家追蹤一個確定目標，苦思數年，不得其解，說不定在某一天，靈機觸發，謎團解開了，連他自己也說不清，是什麼因素使他把原先的知識和成功連接了起來。

是靈感！

有的人說：「靈感就是在文藝創造過程中突然閃現出來的思想火花。」

有的人說：「靈感是形象思維的重要組成部分。」

有的人說：「靈感促進是創造想像與創造活動的首要條件之一。」

在創造的過程中，新形象和假設的產生往往帶有突然性，人們把創造過程達到高潮階段出現的一種富有創造性的心理狀態叫作靈感。靈感一方面是高度的效率，另一方面則是人的高度積極的精神。

英國數學家漢彌爾頓曾經說，他是由於及時抓住了突然在大腦中浮現出來的靈感，才解決了「四元數」的問題。如果不及時抓住當時突然出現的靈感，那麼，這個問題的發現也許會推遲10~15年。

二千多年前，國王高賓洛二世給金匠一塊純金，要他做一頂王冠。金匠製成後，重量與國王給的那塊黃金完全相同。可是國王不放心，要阿基米德檢驗王冠中是否摻有其他金屬。

這可是道難題。阿基米德雖是著名的數學家，但王冠的形狀卻十分複雜，用幾何學的方法算不出它的體積來，他成天冥思苦想，「運思如轉軸，格格聞其聲」，就是不得要領。

有一天他去洗澡，人坐在盛滿水的澡盆裡，水溢出來的現象一下觸動了他，頓時醒悟：盆裡溢出來的水的體積，不就是自己的身體浸在水裡的那一部分體積嗎？

他猛地從澡盆裡起來，跑出澡堂在街上狂喊：「我發現了！我發現了！」

跑到王宮後，他把王冠與同等重量的純金先後放進盛滿水的盆子裡，比較兩盆溢出來的水。結果，純金排出的水較少。因王冠排出的水多，於是阿基米德斷定：王冠是摻了假的，因為金子比重大，在重量相同的情況下體積比較小，摻了別的金屬後，比重減輕，體積增大，排出的水就多了。

國王的懷疑被證實了，金匠不得不承認偷了金子。這樣，阿基米德不僅揭開了金冠之謎，還由此而發現了著名的浮力定律。

作曲家柴可夫斯基說，靈感是這樣一位客人，他不愛拜訪懶惰者。在科學的創造中，創造者也只是由於孜孜不倦的工作，才探明了自然和人對社會的許多規律。

靈感表面上看是遇然產生的，其實它是深思熟慮的必然結果。因為當一個人長期專心致志地研究某個問題的時候，這個問題就在腦子中揮之不去，驅之不散。他的全部知識均被啟發起來，一旦受到某種刺激就會像打開開關一樣，全部線路突然貫通。

阿基米德對王冠的問題日思夜想，在澡盆裡剎那間靈感泉湧，是因他早就在數學、力學等方面有精深造詣，否則，就是下十次、百次澡盆也發現不了浮力定律。

靈感是如此奇妙，有的人天真的認為，靈感就是憑天賦，靠聰明。靈感固然與天賦、聰明有一定的關係，但是，靈感主要不是憑天賦聰明的結果，而是後天努力的結果。

還有的人認為靈感是大腦中固有的，與外界沒有多少關係，這種看法更是錯誤的。

一切靈感，不管是科學的，還是非科學的，都是客觀存在於人們頭腦中的反應。

因而，不具備一定的條件，是不能產生靈感的，尤其不能產生科學靈感。那麼如何才能激發我們的靈感呢？

長期的準備活動是必不可少的。主要是指在廣泛蒐集資料的基礎上，進行長期的研究，長期的思考。靈感往往正是在這個方向上，在長期艱苦研究、艱苦思考的累積基礎上突然出現的。

著名科學家凱庫斯勒思考了12年之久，才突然產生靈感，並

在此基礎上發現了「苯」的環狀結構。

　　著名化學家門捷列夫經過了20年的研究、才產生靈感，發現了化學元素週期表。

　　愛因斯坦發現相對論的過程，可以說是相當艱苦的。他從青年時期就開始思考這個問題，經過漫長的研究，長期的思考過程，才形成科學靈感，最後發現了狹義相對論和廣義相對論。他甚至把這個問題稱為「那個折磨他的謎」。

　　阿基米德本身有豐富的背景知識，又為測量金冠的密度嘗試了數種方法，冥思苦想，方才找到出路。

課後分析：

◆大腦中至少有七個不同的「智力中心」，但是我們大部分人只開發了每個「中心」的一小部分。

◆歷史上所有偉大的思想及偉大的發明，都有一個共通點，都來自於人類的大腦。

◆每一個思維模式都決定了每個人的命運。

◆創造性思維是潛伏在頭腦中的金礦，它絕不是什麼天才之類的獨特力量和神祕天賦。

◆所有這些，僅僅證明大腦具有偉大的開發潛力。

附錄

史帝芬‧賈伯斯對史丹佛畢業生演講全文
- Stay Hungry, Stay Foolish

求知若渴，虛心若愚
（Stay Hungry , Stay Foolish）

今天，很榮幸來到各位從世界上最好的學校之一畢業的畢業典禮上。我從來沒從大學畢業過，說實話，這是我離大學畢業最近的一刻。

今天，我只說三個故事，不談大道理，只講三個小故事就好：
第一個故事，是關於人生中的點點滴滴如何串連在一起。

我在里德學院（Reed College）待了六個月就辦休學了。到我退學前，一共休學了十八個月。那麼，我為什麼休學？（聽眾笑）

這得從我出生前講起。

我的親生母親當時是個研究生，年輕未婚媽媽，她決定讓別人收養我。她強烈地覺得應該讓有大學文憑的人收養我，所以我出生時，她就準備讓我被一對律師夫婦收養，但是這對夫妻到了最後一刻反悔了，他們想收養女孩。所以在等待收養名單上的另一對夫妻，我的養父母，在一天半夜裡接到一通電話，問他們：「有一名意外出生的男孩，你們要認養他嗎？」而他們的回答是「當然要」。後來，我的生母發現，我的養母並沒有大學文憑，我的養父則連高中也沒有畢業。她因此拒絕在認養文件上做最後簽字。直到幾個月後，我的養父母保證將來一定會讓我上大學，她的態度才軟化。

十七年後，我上大學了。當時的我無知地選了一所學費幾乎跟史丹佛一樣貴的大學（聽眾笑），我那工人階級的父母將所有的積蓄都花在我的學費上。六個月後，我看不出唸這個書的價值何在。那時候，我不知道這輩子要幹什麼，也不知道唸大學能對我有什麼幫助，只知道我為了唸大學，花光了我父母這輩子的所有積蓄，所以我決定休學，相信船到橋頭自然直。

當時這個決定看來相當可怕，可是現在看來，那是我這輩子做過最好的決定之一。（聽眾笑）

當我休學之後，我再也不用上我沒興趣的必修課，而能把時間拿去聽那些我有興趣的課。

這一點也不浪漫。我沒有宿舍，所以我睡在朋友家裡的地板上，靠著一點點回收可樂空罐的酬勞買吃的，每個星期天晚上得走七哩的路繞過大半個鎮去印度教的Hare Krishna神廟吃頓好料，我喜歡Hare Krishna神廟的好料。

就這樣追隨我的好奇與直覺，大部分我所投入過的事務，後來似乎都成了無比珍貴的經歷（And much of what I stumbled into by following my curiosity and intuition turned out to be priceless later on）。

舉個例來說：

當時里德學院有著大概是全國最好的書寫教育。校園內的每一張海報上，每個抽屜的標籤上，都是美麗的手寫字。因為我休學了，可以不照正常選課程序來，所以我跑去上書寫課。我學了serif與sanserif字體，學到在不同字母組合間變更字間距，學到活字印刷偉大的地方。書寫的美好、歷史感與藝術感是科學所無法掌握的，我覺得這很迷人。

我沒預期過學這些東西能在我生活中產生任何實際作用，不過十年後，當我在設計第一台麥金塔時，我想起了當時所學的東西，所以把這些東西都設計進了麥金塔裡，這是第一台能印刷出漂亮事物的電腦。

如果我沒沉迷於那樣一門課裡，麥金塔可能就不會有多重字體跟等比例間距字體了。又因為Windows抄襲了麥金塔的使用方式（聽眾鼓掌大笑），因此，如果當年我沒有休學，沒有去上那門書寫課，大概所有的個人電腦都不會有這些東西，印不出現在我們看到的漂亮的字來了。當然，當我還在大學就讀時，不可能把這些點點滴滴預先串連在一起，但在十年後的今天去回顧，一切就顯得非常清楚。

我再說一次，你無法預先把人生中的點點滴滴串連起來；只有在未來回顧時，你才會明白那些點點滴滴是如何串聯在一起的（you

can't connect the dots looking forward; you can only connect them looking backwards）。所以你得相信，眼前你經歷的種種，將來多少會連結在一起。你得信任某個東西，直覺也好，命運也好，生命也好，或者業力。這種做法從來沒讓我失望，我的人生因此變得完全不同。（Jobs停下來喝水）

我的第二個故事，是有關愛與失去。

我很幸運！年輕時就發現自己愛做什麼事。我二十歲時，跟Steve Wozniak在我爸媽的車庫裡開始了蘋果電腦的事業。我們拼命工作，蘋果電腦在十年間從一間車庫裡的兩個小夥子擴展成了一家員工超過四千人、市價二十億美金的公司，在那事件之前一年，我們推出了最棒的作品——麥金塔電腦（Macintosh），那時我才剛邁入三十歲，然後我被解僱了。

我怎麼會被自己創辦的公司給解僱了？（聽眾笑）

嗯！當蘋果電腦成長後，我請了一個我以為在經營公司上很有才幹的傢伙來，他在頭幾年也確實做得不錯。可是我們對公司未來的願景不同，最後只好分道揚鑣，董事會站在他那邊，就這樣在我30歲的時候，我被公開地解僱了。我失去了整個生活的重心，我的人生就這樣被摧毀了。

有幾個月，我不知道自己要做些什麼。我覺得我令企業界的前輩們失望——我把他們交給我的接力棒弄丟了。我見了創辦HP的David Packard跟創辦Intel的Bob Noyce，跟他們說：「很抱歉！我把事情給搞砸了。」我成了公眾眼中的失敗範例，我甚至想要離開矽谷。

但是漸漸的，我發現，我還是熱愛那些我曾做過的事情，在蘋果電腦中經歷的那些事絲毫沒有改變我的喜好。雖然我被否定了，可是我還是熱愛那些事情，所以我決定從頭來過。

當時我沒發現，但現在看來，被蘋果電腦開除，是我所經歷過最好的事情。成功的沉重被從頭來過的輕鬆所取代，每件事情都不那麼確定，讓我自由進入這輩子最有創意的年代。

接下來五年，我開了一家叫做NeXT的公司，又開一家叫做Pixar的公司，也跟後來的老婆（Laurene）談起了戀愛。Pixar接著製作了

世界上第一部全電腦動畫電影——玩具總動員（Toy Story），現在是世界上最成功的動畫製作公司（聽眾鼓掌大笑）。然後，蘋果電腦買下了NeXT，我回到了蘋果，我們在NeXT發展的技術成了蘋果電腦後來復興的核心部份。

我也有了一個美好幸福的家庭。

我很確定，如果當年蘋果電腦沒開除我，就不會發生這些事情。這帖藥很苦口，可是我想蘋果電腦這個病人需要這帖藥。有時候，人生會用磚頭打你的頭。不要喪失信心。我確信我愛著我所做的事情，這就是這些年來支持我繼續走下去的唯一理由（I'm convinced that the only thing that kept me going was that I loved what I did）。

你得找出你的最愛，工作上是如此，人生伴侶也是如此。

你的工作將佔據你人生的一大部分，唯一真正獲得滿足的方法就是做你相信是偉大的工作，而唯一從事偉大工作的方法是愛你所做的事（And the only way to do great work is to love what you do）。

如果你還沒找到這些事，繼續找，別停下來。盡你的全心全力去找，你知道你一定會找到。而且，如同任何偉大的事業，事情只會隨著時間愈來愈好。所以，在你找到之前，繼續找，別停下來。（聽眾鼓掌，Jobs喝水）

我的第三個故事，是關於死亡。

當我十七歲時，我讀到一則格言，好像是「把每一天都當成生命中的最後一天，你就會輕鬆自在。（If you live each day as if it was your last, someday you'll most certainly be right）」（聽眾笑）

這對我影響深遠，在過去的33年裡，我每天早上都會照鏡子，自問：「如果今天是我此生的最後一日，我今天要做些什麼？」每當我連續好幾天都得到一個「沒事做」的答案時，我就知道我必須有所改變了。

提醒自己快死了，是我在人生中面臨重大決定時，所用過的最重要的方法。因為幾乎每件事——所有外界的期望、所有的名聲、所有對困窘或失敗的恐懼——在面對死亡時，都消失了，只有最真實、最重要的東西才會留下。（Remembering that I'll be dead soon is the

most important tool I've ever encountered to help me make the big choices
in life. Because almost everything - all external expectations, all pride, all
fear of embarrassment or failure - these things just fall away in the face of
death, leaving only what is truly important）

　　提醒自己快死了，是我所知道的避免掉入畏懼失去的陷阱裡最好
的方法。人生不帶來、死不帶去，沒理由不能順心而為。

　　一年前，我被診斷出癌症。我在早上七點半做斷層掃描，在胰臟
處清楚地出現一個腫瘤，我連胰臟是什麼都不知道。醫生告訴我，那
幾乎可以確定是一種不治之症，預計我大概只能再活三到六個月了。
醫生建議我回家，好好跟親人們聚一聚，這是醫生對臨終病人的標準
建議。那代表你得試著在幾個月內把你將來十年想跟小孩講的話講
完。那代表你得把每件事情搞定，家人才能盡量輕鬆。那代表你得跟
所有人說再見了。

　　我整天都在思索那個診斷結果，那天晚上做了一次切片，從喉嚨
伸入一個內視鏡，穿過胃進到腸子，將探針伸進胰臟，取了一些腫瘤
細胞出來。我打了鎮靜劑，不醒人事，但是我妻子在場。她後來跟我
說，當醫生們用顯微鏡看過那些細胞後，他們都哭了，因為那是非常
少見的一種胰臟癌，可以用手術治好。所以我接受了手術，康復了。
（聽眾鼓掌）

　　這是我最接近死亡的時候，我希望那會繼續是未來幾十年內最
接近的一次。經歷此事後，我可以比先前對死亡只是一種純粹的想像
時，要能更肯定地告訴你們下面這些：

　　沒有人想死。即使那些想上天堂的人，也想活著上天堂。（聽眾
笑）

　　但是死亡是我們共同的終點，沒有人逃得過。這是註定的，因
為死亡很可能就是生命中最棒的發明，是生命交替的媒介，送走老人
們，給新生代讓出道路。現在你們是新生代，但是不久的將來，你們
也會逐漸變老，被送出人生的舞台。很抱歉講得這麼戲劇化，但是這
是真的。

　　你們的時間有限，所以不要浪費時間活在別人的生活裡。不要

被教條所侷限——盲從教條就是活在別人的思考結果裡。不要讓別人的意見淹沒了你內在的心聲。最重要的是，擁有追隨自己內心與直覺的勇氣，你的內心與直覺多少已經知道你真正想要成為什麼樣的人（have the courage to follow your heart and intuition. They somehow already know what you truly want to become），任何其他事物都是次要的。（聽眾鼓掌）

在我年輕時，有本神奇的雜誌叫做《Whole Earth Catalog》，當年這可是我們的經典讀物。那是一位住在離這不遠的Menlo Park的Stewart Brand發行的，他把雜誌辦得很有詩意。那是1960年代末期，個人電腦跟排版軟體都還沒出現，所有內容都是打字機、剪刀跟拍立得相機做出來的。雜誌內容有點像印在紙上的平面Google，在Google出現之前35年就有了：這本雜誌很理想主義，充滿新奇工具與偉大的見解。

Stewart跟他的團隊出版了好幾期的《Whole Earth Catalog》，然後很自然的，最後出了停刊號。當時是1970年代中期，我正是你們現在這個年齡的時候。在停刊號的封底，有張清晨鄉間小路的照片，那種你四處搭便車冒險旅行時會經過的鄉間小路。

在照片下印了一行小字：**求知若飢，虛心若愚（Stay Hungry，Stay Foolish）。**

那是他們親筆寫下的告別訊息，我總是以此自許。當你們畢業，展開新生活，我也以此祝福你們。

求知若渴，虛心若愚（Stay Hungry, Stay Foolish）。

非常謝謝大家。（聽眾起立鼓掌二分鐘）

國家圖書館出版品預行編目資料

引爆潛能 / 安東尼‧羅賓（Anthony Robbins）作.
-- 初版. -- 新北市：華志文化，2012.03
面； 公分. --（心理勵志小百科；5）
譯自：Personal power
ISBN 978-986-88042-1-0（平裝）

1. 潛意識　2. 潛能開發

176.9　　　　　　　　　　　　　　　101001031

Ⓚ 華志文化事業有限公司

系列／心理勵志小百科 ⓪ ⓪ ⑤

書名／引爆潛能

作　　　者　安東尼‧羅賓

執行編輯　林雅婷

美術編輯　黃美惠

文字校對　陳麗鳳

企劃執行　康敏才

總編輯　黃志中

社　　長　楊凱翔

出版者　華志文化事業有限公司

電子信箱　huachihbook@yahoo.com.tw

地　　址　116台北市興隆路四段九十六巷三弄六號四樓

電　　話　02-29105554

總經銷商　旭昇圖書有限公司

地　　址　235新北市中和區中山路二段三五二號二樓

電　　話　02-22451480

傳　　真　02-22451479

郵政劃撥　戶名：旭昇圖書有限公司（帳號：12935041）

電子信箱　s1686688@ms31.hinet.net

出版日期　西元二○一二年三月初版第一刷
　　　　　西元二○一四年七月初版第五刷

版權所有　禁止翻印

Printed in Taiwan

華志文化

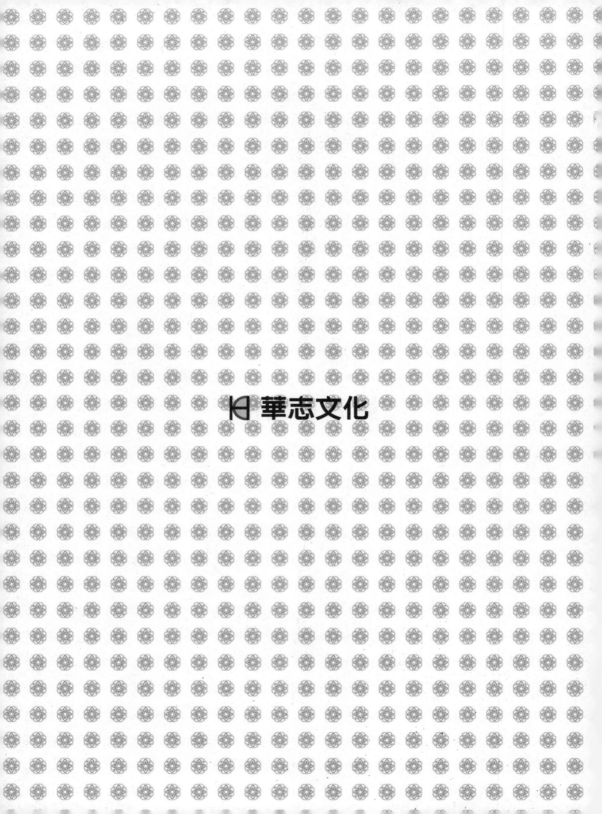
華志文化